Johann Andreas Gerhard, Caspar Melchior Bieken

Discurs von denen zweyen des H. Röm. Reichs höchsten Gerichten

Johann Andreas Gerhard, Caspar Melchior Bieken

Discurs von denen zweyen des H. Röm. Reichs höchsten Gerichten

ISBN/EAN: 9783741168475

Hergestellt in Europa, USA, Kanada, Australien, Japan

Cover: Foto ©Lupo / pixelio.de

Manufactured and distributed by brebook publishing software
(www.brebook.com)

Johann Andreas Gerhard, Caspar Melchior Bieken

Discurs von denen zweyen des H. Röm. Reichs höchsten Gerichten

DISCURS

Von denen zweyen des H. Röm. Reichs
höchsten Gerichten/

Nehmlich

Dem Keyſ. Reichs-Hof-Rath

Und

Cammer-Gericht zu Speyer/

Worinnen beydes von ihrer Gleichförmig-
keit/ als auch ihrem Unterscheid gehandelt wird.

Hiebevor von Tit. Herrn Johann Andrea
Gerhard/ beeder Rechte Doctorn, Keyſerlichen Hof-
Pfaltz-Graffen und Fürſtlichen Anhältiſchen Rath/ in Lateini-
ſcher Sprache heraus gegeben/ nachgehends aber in das Teutſche
überſetzet/ und iedermänniglich zu Nutz anitzo zum
Druck befördert

Von

Caſpar Melchior Bieken.

Hall in Sachſen/
Verlegts Simon Johann Häbner/ Buchh.
Gedruckt bey Chriſtoff Salfelds Witbe und Erben.
Anno 1674.

Vorrede.
An den geneigten Leser.

Nachdem mir gegenwärtiger Tractat, wel=
cher für etlichen Jahren von Tit. Herrn
D. Johann Andreas Gerhardt/ Keyserli=
chen Hof= Pfaltz= Grafen und Fürstlichen
Anhaltischen Rath in Lateinischer Sprach
herauß gegeben worden/bey meiner damaligen subsistenz
zu Wien unter Handen kommen/ und ich in Durchle=
sung dessen befunden/ daß nicht allein der bey dem Key=
serlichen Reichs=Hof=Rath so wohln auch dem Cammer=
Gericht zu Speyer übliche Proceß beydes in causis sim=
plicis qverelæ, als Apepllationis und was deme anhän=
gig/ sondern auch andere feine Specialia mehr kürtzlich
darinnen enthalten/ habe ich mir so bald gefallen lassen
bey müßigen Stunden selbigen in das Teutsche zu über=
setzen/und da vielleicht die Lateinischen Exemplaria nicht
mehr zu bekommen oder aufgeleget werden möchten/
mich dessen zu Belustigung und privat-Nutzen zu gebrau=
chen.   Ob ich nun wohl nicht Vorhabens gewesen sol=
chen in offentlichen Druck kommen zu lassen/sondern/
wie erwehnet/ die version bloß und allein zu meiner selbst
eigenen Belustigung vorgenommen/ iedennoch aber/
weiln ich nachgehends in Erfahrung kommen/ daß die
Lateinische Edition ziemlich aufgekauffet / und davon
wenig Exemplaria mehr vorhanden/ auch nicht zu ver=
muthen daß solche etwann von neuen aufgeleget werden
möchte/gleichwohl nicht zu laugnen daß dieses Wercklein
aller Orthen seinen Nutzen mit sich führe: So habe ich

　　　　　　　　end=

endlich geschehen laſſen/daß deſſen von mir fürgenomme=
ne geringe und ſchlechte verſion der Druck-Preſſe unter-
worffen/ und dardurch nicht allein des Lateiniſchen
Herrn Verfaſſers in elaborirung ſothaner materie rühmlich an Tag gelegter Fleiß ie mehr und mehr erweitert/
beſondern auch eines und des andern guten Freundes
tragendes Verlangen geſtillet werde. Worbey aber zu er-
innern/ daß zwar dieſes Wercklein an unterſchiedenen
Orthen weitläufftiger außgeführet/und mit einigen Zu-
ſätzen leichtlichen hätte vermehret werden können/weiln
aber Ehrengedachten Herrn Verfaſſers intention ſelbſt
vermuthlich auf die Kürtze angeſehen geweſen/als habe
auch ich ein mehrers/auſſer was an einem Orthe geſche=
hen/ hinzuzuſetzen billich angeſtanden.   Der günſtige
Leſer wolle inmittelſt ſich dieſe zwar geringe/doch wohl-
gemeinte Arbeit gefallen / und deſſen Autorn zu
guter Gewogenheit anbefohlen
ſeyn laſſen.

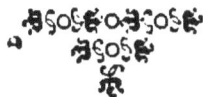

Eingang.

§. I.

DAß die Ruhe und Wolfahrt deß Römischen Reichs Teutscher Nation/ in einem unge-
färbten und aufrichtigen Vertrauen zwischen dem
Käyser und sämptlichen Reichs-Ständen/ so wohln
als dieser unter sich selbsten/ bestehe/ wird verhoffentlich Niemand in Abrede seyn. Es wird aber dieser
deß Römischen Reichs Wohlstand auf andere Art und Weise schwerlich erlanget und zu wege gebracht/als wann die heilsame Justitz in dem
Reiche durchgehends gehandhabet/das ist: Alles das jenige/was jed-
weden von Rechts-der Reichs-Constitutionen und öffentlichen Satzungen wegen zustehet und gebühret/ durch außgesprochenes Urthel/
und dessen würckliche Volstreckung gegeben oder gelassen werde.
Besiehe die Ordnung des Cammer-Gerichts zu Wormbs vom
Jahr 1495. in der Vorrede ibi. Und nachdem derselbe (gemeine Land-Fried) ohne redlich/ Erbar und fürderlich
Recht schwerlich in Wesen bestehen mag. u. s. f.

§. II. Nun aber wird dem Röm. Reiche beydes am Käyserlichen
Reichs-Hoff-Rath/ als auch dem Cammer-Gerichte sein Recht
gegeben/ dann derer Orthen die unter denen Reichs-Ständen ent-
standene Streitigkeiten und Rechts-Händel/im Nahmen des Römischen Käysers/denen Reichs-Constitutionen und diesen beyden allgemeinen Gerichten insonderheit vorgeschriebenen-oder durch lange
Observantz und Gerichts-Brauch eingeführten Satzungen nach/
rechtmäßiger Weise in Verhör gezogen und entschieden werden.

§. III. Was das Käyserliche Cammer-Gerichte anlanget/ so
hat durch jüngsten im Jahr 1654. gemachten Reichs-Abschied das
bey nahe zerfallene und schändlich verstelte Justitz-Wesen durch den
Römischen Käyser und fürnehmsten Stände des Reichs seinen vori-

A   gen

gen Glantz und Herrligkeit wieder überkommen/und seind die fast von 200. Jahren hero eingeschlichenen Mängel und Gebrechen/ so viel nur müglich gewesen/abgeschaffet worden; Und solches nach dem Exempel verständiger Aertzte/als welche in den allerhärtesten und tief eingewurtzelten Kranckheiten gar langsam zu verfahren und gelinde Mittel anzuwenden pflegen/darmit das Ubel nicht zu frühzeitig/und allzu geschwind außgereutet werde. Dahero dann auch heutiges Tages die von denen streitigen Partheyen/ der langwierigen und fast unsterblichen Cammer-Processe halber hiebevor geführte Klagen aufgehöret haben/denn alles das jenige / was etwann dem Proceß der Sachen hinderlich zu seyn/und solchen in Weitläufftigkeit zu bringen geschienen/durch verbemelten Reichs-Abschied gantz heilsamlich abgeschafft oder geändert worden.

§. IV. Ob nun wohl das jenige/ was in itzt berührtem Reichs-Abschiede der Justitz wegen gesetzt und verordnet worden/vornehmlichen das Keyserliche Cammer-Gerichte angehet/nichts desto weniger aber wird nicht allein daselbst ein und anders auch auf den Reichs-Hoff-Rath außdrücklich gezogen/wie solches aus dem §. Was dann Churfürsten/2c. 168. erhellet/sondern/es hat auch Keyser Ferdinand der III. gegen die Reichs-Stände/als selbige bey verwichenem im Jahr 1654. gehaltenem Reichs-Tage und communication der verneuerten Reichs-Hoff-Raths Ordnung aller unterthänigst gebeten/sich außdrücklich und öffentlich erkläret: Daß selbige nicht allein nach der Cammer Gerichts-Ordnung/Reichs- Constitutionen und Oßnabrückischen Frieden-Schluß gemacht und eingerichtet/sondern auch alles das jenige/was auf berührtem Reichs-Tage/der Justitz wegen/von neuen verordnet worden/darinnen in acht genommen und begriffen sey. Autor der Grund-Feste deß Heil. Röm. Reichs/part. III. Cap 5. §. Es hat zwar/2c.

§. V. Derohalben wir uns fürgesetzet von dem jenigen/was in diesen beyden höchsten Gerichten (1.) ratione der Rechts-Sachen/ so darinnen abgehandelt werden/(2.) der Personen/ welche daselbst Rechtlichen Außspruch zu erwarten (3.) der Arth und Weise deß Processes/ der in selbigen in acht genommen wird/und dann (4.) derer

rer jenigen/ durch welche die Justitz administrirt wird/ und dieser
Zeit im üblichen Gebrauch ist/mit Göttlicher Hülffe kürtzlich und mit
wenigen zu handeln. Woraus dann beydes die Gleichförmigkeit als
auch der Unterscheid dieser beyden höchsten Reichs-Gerichte genug-
sam erhellen wird. Zwart müssen wir gestehen/ daß in so kurtzer
Zeit/ die wir nach zurück gelegter Reise durch Franckreich/ Engeland
und Niederland an gemelten beyden Orthen zubracht haben/ nur das
Wenigste dießfals haben angemercket/oder anmercken können/zwei-
feln auch nicht/ daß wir zu zeiten einen und andern Irrthum begehen
werden. Doch wird der geneigte Leser alles/insonderheit aber auch dieses zum Besten außzulegen wissen/daß/weiln diese beyde hohe Tribunalien im Röm. Reich gleiches Ansehen/ und in vielen Stücken concurrentem Jurisdictionem haben/wie bald dieses jenem/bald jenes diesem
fürgesetzet/ und demnach die beste Ordnung in vorfallendem Praece-
denz Streite/ welche darinne/ daß man keine Ordnung halte/ beste-
het/in acht genommen haben.

PRÆLIMINARIA.

I.

Von dem Ursprung/Einsetzung und Benen-
nung beedes des Keyserlichen Reichs-Hoff-Raths/
als auch des Cammer-Gerichts.

§. I.

He wir unsern ersten Discurs, so von beyder Gerichte Jurisdiction handeln soll/ anfangen/ wird nöthig seyn/vorhero
etwas weniges beydes von deren Ursprung/ Einsetzung
und Benennung/ als auch ihren vorgeschriebenen Ordnungen
vorher zu setzen. So viel nun den Keyserlichen Reichs-Hoff-Rath an-
langet/ seynd etliche/ welche vermeinen/daß solcher bey Regierung
Ferdinandi I. andere aber eines andern Römischen Keysers/ so
nach diesem gelebt/seinen Anfang genommen habe. Wir halten dar-
für/daß solcher lange vorher/ehe das Cammer-Gericht angeordnet
worden/ ja gar in denen uhr alten Zeiten entsprossen sey/dann kein
Zweifel/daß die Römischen Keyser schon vor langen/ja undencklichen

A ij   Jahren

Jahren her an ihrem Hofe dergleichen Consilium oder Gericht/ in welchem der Reichs-Stände Rechts-Sachen getrieben und erörtert worden/gehabt haben. Und dieses zeiget Keyser Ferdinand der III. aller glorwürdigsten Andenckens/ in der Vorrede der verneuerten Reichs-Hof-Raths-Ordnung außdrücklich an/wann Er spricht:

„Wie wir befunden/ unsere löbliche Vorfahren am
„Reich/sich guter Ordnung von Uhralters her beflissen
„und hierzu/ darmit solchem Ihren Obliegen allenthal-
„ben desto stattlicher vorgesehen werde/ Ihren Reichs-
„Hof-Rath/ so selbige zur Beförderung und Vollzie-
„hung der werthen Gerechtigkeit und Regiments im
„Römischen Reich/ von unfürdencklichen Jahren erhal-
„ten/ wie auch folgends dero Keyserlichen Cammer und
„andere Gerichts-Mittel aufgerichtet haben. Deßgleichen ist eine von Keyser Friedrich dem II. im Jahr 1236. promulgirte Satzung vorhanden/in welcher verordnet/ daß der Hof-Richter (oder/ wie er heutiges Tags genennet wird/der Reichs-Hof-Raths Præsident) alle Tage soll zu Gericht sitzen. Wie solches beym Goldast. Constit & Rescript. Imper. tom. 1 pag 84 zufinden. Und wem belieben möchte in Historien nach zu schlagen/der wird unzählich viel dergleichen Satzungen/so die Alten Römischen Keyser gemacht haben/ antreffen/ aus welchen die lange Zeit des Keyserlichen Reichs-Hof-Raths erhellen wird.

§. II. Dieses Gerichte nun wird genennet Consilium, oder ein Rath/ so ein solcher Nahm/der vielen Gerichten gemein ist/insonderheit aber dieser Ursachen halber/ alldieweiln die Keyserliche Herren Reichs-Hoff-Räthe zum öfftern in wichtigen Sachen / und woran viel gelegen/nicht ein Urthel/ sondern nur ihr Guthachten (Votum oder Consilium) abfassen/welches sie dem Keyser durch den Reichs-Vice-Cantzler/ hinterbringen lassen R. H. O. Tit. 5. §. Wo aber die Stimmen. der hernachmahls in seinem geheimten Rath (in welchem zugleich der Herr Præsident wie auch der Re- und Correferent mit zur Stelle) dergleichen Sache in reiffe Berathschlagung zu
ziehen

ziehen pflegt; Doch wird es auch genennet ein **Gericht**/ und solches so wohl in denen Reichs- Constitutionen, als von bewehrten Scriben-ten. **Besiehe den Osnabrückischen Frieden-Schluß**/ *art. 5. §. 54.* **auch am Hoff-Gericht.** *R. H. O. Tit. 2. in pr. ibi.* **für unser Keyserlich Gericht**/ deßgleichen *Tit. 5.* §. **Es sollen auch**/ in fin. **Diesem unserm höchsten Gericht und** Tribunali. De-rohalben es auch uns nicht übel außgeleget werden kan/ wann wir in dieser Materie den Keyserlichen Reichs-Hof-Rath/ ohne Unter-scheid/bald einen Rath/bald ein Gericht nennen.

§. III. Es wird aber selbiger genennet: **der Keyserliche Hof-Rath/das Keyserliche Hof-Gericht**/ alldieweil er den Keyser-lichen Hoff fast nachzufolgen pflegt/ und gemeiniglich eben an selbigem Orthe / wo der Keyser seine Hof-Stadt hinleget / gehalten wird/ **R. H. O. Tit. I. §. alle diese**/ verb. **und unsern Keyserlichen Hof ie und alle zeit/welcher Orthen derselbige gehalten wird/ nachfolgen.** Doch ist dieses so eigentlich nicht nöthig/ son-dern es stehet in des Keysers Willkühr/ ob er den Reichs-Hof-Rath mit sich führen/ oder aber selbigen an einem andern Orthe lassen will. Als so offt dieser/ als König in Ungarn/ nacher Preßburg auf die auß-geschriebene Land-Täge verreiset/ist bißher der Reichs-Hof-Rath allezeit zu Wien blieben/deßgleichen/da im Jahr 1645. Keyserliche Majestät Ferdinand der III. aller Christmildesten Andenckens/ sich aus Ober-Oesterreich nacher Böheimb erhub / und die Keyserliche Hofhaltung zu Prag anstalte/ist der Reichs-Hof-Rath zu Lintz blie-ben/ woselbsten auch alle Proceß-Sachen expedirt, und zu Jhrer Majestät Unterschrifft und Vollziehung übersendet worden. Deß-gleichen als vorgedachter Keyser/ Lobseeligsten Andenckens/ mit dero Herrn Sohn Ferdinando IV. im Jahr 1654. von Regenspurg aus auf die bevorstehende Wahl des Römischen Königs nacher Aug-spurg verreisete/ist doch der Reichs-Hof-Rath zu Regenspurg ver-blieben/und hat daselbsten seine ordentlichen Sitz-Täge und expedi-tiones continuirt. Also ist bißweilen der Keyserliche Hof zu Lintz im Ober-Oesterreich/der Reichs-Hof-Rath aber zu Welß (eine Stadt/ so drey Meylen darvon gelegen) gehalten worden. Aus welchen

Exem.

Exempeln/ (derer mehr angeführet werden könten:) erscheinet/ daß
der Reichs-Hof-Rath nicht allemahl dem Keyserlichen Hof-Lager
folge/ sondern zum öfftern der Keyserliche Hof an einem andern/ und
der Reichs-Hof-Rath auch an einem andern/ doch nicht so gar weit
von diesem entlegenen Orthe gehalten werde. Es mag aber der
Keyserliche Reichs-Hof-Rath sich befinden/ wo er will/ so wird nichts
desto weniger in allen Keyserlichen Citationen oder Ladungen/ so diß
Orths zu ergehen pflegen/ der Orth keines weges mit hinzu gesetzen
sondern es werden sämptliche auf den Keiserlichen Hof eingerichtet/
„ mit diesen oder dergleichen Formalien: Selbst/ oder durch ei-
„ nen gnugsam gevollmächtigten Anwald an Unsern
„ Keyserlichen Hof/ was Enden alsdenn derselbe seyn
„ wird/ erscheinet/ic.   Und eben hierinnen seynd sie von denen
Cammer-Gerichts Citationen unterschieden/ in welchen (gleichwie
in allen andern Gerichten zu geschehen pfleget) der Orth deß Gerichts mit beniemt und hinzu gesetzet werden muß.

§. IV. Es wird auch dieses Gerichte genennt der Reichs-Hof-
Rath/ wegen derjenigen Sachen/ so daselbst abgehandelt und erörtert werden/ und die so wohln die Reichs-Stände als das Reich an
sich selbst angehen. R. H. O. Tit. 1. in pr. ibi: alle und iede Sa-
chen/ das Heil. Röm. Reich/ desselben Hoheit / Recht/
Herzligkeit/ic. Dahero ist auch die Cantzley dieses Gerichts (die
Reichs-Hof-Cantzley genant) dem Ertz-Bischoffe zu Mäyntz
als deß Heil. Röm. Reichs Ertz-Cantzlern mit Eyd und Pflichten
verbunden. Nicht ratione causæ Efficientis, welche keines weges das
Reich/ sondern allein der Keyser ist J. R. H. O. Tit. I. in pr. verb.
Unser Keyserlicher Reichs-Hoff-Rath / dessen obristes
Haupt und Richter allein wir/ und verf. und weiln dann
allein uns/ als Römischen Keyser/ic. Denn einzig und allein
derselbe dieses herrliche Judicium mit tüchtigen geschickten Räthen/
und zwar heutiges Tags/ vermöge der Capitulation, aus beyderley/
so wohln Evangelischer als Catholischer Religion/ versiehet/ ihnen
auch

auch allein ihren Jährigen Besold und Unterhalt verschaffet. Davon unten mit mehrern.

§. V. Biß hieher haben wir von des Keyserlichen Reichs-Hof-Raths Uhrsprung und Benennung gehandelt. Nun wolln wir auch etwas weniges von dem Keyserlichen Cammer-Gericht melden. Denn/weiln in einer Cammer oder Gemach die meisten Judicia (dann etliche unter freyen Himmel geschehen) gehalten werden; So siehet man auch/daß unterschiedene Sachen darvon den Nahmen haben. Dahero wird ins gemein der Orth an sich selbst/in welchem dieses Keyserliche Gericht gehalten wird/die **Cammer** oder die **Keyserliche Cammer** genennet. Eigendlich aber wird durch dieses Wort eben dieses hohe Reichs-Gericht verstanden/ welches auch dahero das **Cammer-Gericht**/ deßgleichen die **Reichs-Cammer** genennet wird/als in welchem die Rechts-Sachen der Reichs-Stände vorgenommen und erörtert werden. Und eben in solcher Bedeutung/ als welche durch die Gewohnheit schon eingeführet/ wir auch hier und allenthalb uns solches Worts gebrauchen. Anders wird es genommen. wenn des Reichs Schatz-Cammer Camera Imperialis oder die **Reichs Cammer** genennet wird/was da nehmlich zu dem Einkommen/so dem Reich zuständig/ gehöret. Besehe Bartol. in Rubricâ Cod. de Jure Fisci n. 7. Worbey allhier zu gedencken/ daß ein anders sey Camera Imperialis, so auf diese Art genommen wird/ ein anders Camera Imperatoris. dann Camera Imperialis, wie allbereit erwehnet/bedeutet des Reichs Schatz-Cammer/ allein durch Cameram Imperatoris werden **die Keyserliche Cammer-Güter/ so dem Keyser allein zu gehören/verstanden.** Bartol. d. n. 7.

§. IV. Der Stiffter dieses Keyserlichen Cammer-Gerichts/ wie man ins gemein darfür hält/soll Maximilianus I. Römischer König/ gewesen seyn/welcher mit Bewilligung sämptlicher Reichs-Stände auf dem im Jahr 1495. zu Worms gehaltenem Reichs-Tage dasselbe formaliter eingesetzet/daß es wäre ein allgemein Gericht des ganzen Heiligen Römischen Reichs/ und da ein ieder unter denen Reichs-Ständen/in vorfallenden Rechts-Sachen/seine Zuflucht hin nehmen könne/das **Oberst und letzte Gericht. R. A. zu Augspurg** 1530.

1530. § **Dieweil nun Unser.** Damahls ist es nach Franckfurth
am Mayn verlegt gewesen/allwo im gemelten 1495. Jahre den 3.
Nov. die erste Gerichtliche Audientz celebriret, oder/wie Gail. redet: primum Consistorium publicum gehalten worden/lib. 7. de Pace Publ. cap. I. n. 28. und in folgenden 1496. Jahr den 26. Febr. die
allererste Achts-Erklärung daselbst geschehen und außgesprochen wor-
den/wie davon gedachter Gail. d. cap. I. n. 29. ebener Massen be-
richtet. Wiewohl man gestehen muß/daß das Cammer-Gericht an
bemelten Reichs-Tage nicht allererst seinen Anfang genommen habe/
sondern/daß lange vorher dergleichen allgemein Gericht in Teutsch-
land/eben unter diesem Nahmen des Cammer-Gerichts/ sey zu befinden und anzutreffen gewesen/wie solches Limnæus lib. 9. de Jur. Publ.
c. 4. n. 26. bezeuget/ aber damals ist es nicht allzeit gewesen/sondern
nur zu gewissen Zeiten/mehrentheils aber auf Reichs-Tägen angeordnet worden/hat auch dahero keine gewisse Form gehabt/ sondern
solche allererst von Maximiliano I. empfangen/der hernachmahls diesem Gerichte einen gewissen Orth zugeeignet/selbiges mit gewissen
Gesetzen und Ordnungen versehen/und ferner weit mit darzu erkie-
sten tüchtigen Personen besetzet. **Ordn. der Röm. Keyserlichen**
Majestät Cammer-Gericht zu Worms, de Ao. 1495.

§. VII. Die Ursach nun/warum Maximilianus I. dergleichen Gericht eingesetzet/und daß solches an einem gewissen Orthe/auch/zu allen
Zeiten gehalten werde/verordnet/kan auß vorhergehenden leichtlich
angemercket werden. Denn als vor Zeiten die streitende Partheyen/
nicht sonder grosse Ungelegenheit und Beschwerung/ auch Hindan-
setzung ihres Hauptwesens/den Keyser und dessen Hof-Burg-und
Land-Gericht/umb Recht und Gerechtigkeit zu erlangen/nachfol-
gen/ oder der Zeit erwarten müssen/ wann ettwan ein Reichs-Tag
außgeschrieben worden/ in welchem dergleichen Cammer-Gerichte
angeordnet zu werden pflegte/(wie wir in Vorhergehenden berührt)
und darüber die Reichs-Stände zum öfftern sich beklaget; So hat
dahero ermelter Römische König Maximilianus I. so wohl in dem Reich
als dessen Ständen fürträglich zu seyn erachtet/ an einem gewissen
Orthe dergleichen Keyserliches Gericht/ unter dem Nahmen der
Cammer/ anzuordnen/in welchem/ an stat Römischer Keyserlicher
· Ma-

Majestät und des Reichs/die Rechts-Sachen der Reichs-Stände und sämptlicher Reichs-Unterthanen zu allen Zeiten erörtert und entschieden würden.

§. IIX. Doch ist dasselbe damahls noch wandelbar gewesen/und kaum anderthalb Jahr zu Franckfurth geblieben/folgends nach Worms gelegt/alda im Jahr 1497. den 31. Martii/wie aus des Barthii Sentenzen zu ersehen/die ersten Urtheil publicirt worden. Von dar ist es Anno. 1501. nach Nürnberg kommen/und so fort im Jahr 1504. nach Regenspurg/von hieraus Anno 1511. wieder nach Worms/und Anno 1521. nach Nürnberg/nach diesem im Jahr 1524. nach Eßlingen/und endlich Anno 1527. nach Speyer. Dann es zu der Zeit/vermöge getroffenen Vergleichs zwischen dem Keyser und Ständen/keinen stetigen Orth und Sitz gehabt/sondern es ist nur iusgemein dahin beschlossen worden/ **daß es im Reich/in einer füglichen Stadt** gehalten werden solte. C. G. O. zu Worms **1495. Tit. Wo das Camer-Gericht gehalten werden solle.** Und obwohl Maximilianus selbsten alsobald der Meinung gewesen dem Cammer-Gericht einen beständigen und gewissen Orth zuzulegen/so hat Er doch solches nicht können zu Werck richten/sondern es ist allererst im Jahr 1530. auf dem Reichs-Tage zu Augspurg mit einhelliger Bewilligung des Keysers und der Reichs-Stände beschlossen worden/daß zu Speyer gleichsam der eigenthümliche Sitz des Cammer-Gerichts seyn solte/alwo nun itziger Zeit der **ewige Tempel der Gerechtigkeit ist/** in welchem dessen hohe Priester täglich ihren Gottesdienst verrichten/und daraus gleichsam als aus einem Oraculo, denen sämptlichen Ständen des Reichs gebiethen/und Recht sprechen. Es kan auch selbiges von der Stadt Speyer weg und anders wohin nicht verleget werden/es wäre denn/daß solches dem Keyser und Teutschen Fürsten/auß wichtigen und erheblichen „Ursachen/vor guth bedünckete. R. A. zu Augspurg im Jahr „1530. §. Darzu meinen und wollen wir 83. ibi. daß nun „hinfürder Unser Cammer-Gericht/aus obangezeigten „Ursachen stätigs zu Speyer bleiblich seyn und gehalten

B   und

„ und ſonſt nirgend anderswoßin verändert werden ſoll/
„ es beſchähe dann mit unſerm/ auch Chur-Fürſten/
„ Fürſten und Stände Wiſſen und Willen. Thue hinzu
die C. G. O. part. 2. tit. 34. allwo eben dieſes ſancirt und beſtätiget
worden.

§. IX. Und obwohl auf letztern im Jahr 1648. zu Münſter und
1654. zu Regenſpurg gehaltenen Reichs-Tägen berathſchlaget
worden/ daß das Cammer-Gericht zu Speyer an einen andern
ſicherern Orth im Reiche geleget werden möchte/ſo iſt doch dieſe Sache unerörtert blieben. R. A. de Anno 1654. §. Als auch bey
dem allgemeinen 167. ibi So befinden wir und mit uns
„ Chur-Fürſten und Stände nach reiffer wohlbedächtli-
„ cher Uberleg-und Berathſchlagung der Sachen/be-
„ rührte Translation noch zur Zeit nicht thunlich.

§. X. Doch kan gleichwol daſſelbe auf eine Zeit lang an einen andern Orth verlegt werden/wann der Keyſerliche Cammer-Richter
und Herren Beyſitzere entweder der Kriegs Unruhe/oder auch ein-
reiſſenden anfälligen Seuchen halber es für nöthig befinden/und Ihre Keyſerliche Majeſtät ſolches zugleich erlauben und ihren conſens
darzu geben. C. G. O. part. 2. tit. 34. R. A. de Anno 1570.
§. Dieweil dann auch 103. ibi. Daß Cammerrichter und
Beyſitzer / da die ſolche Translation fürzunehmen be-
dacht/uns daſſelbig zeitlich zuſchreiben ſollen.

II.

Von den fürgeſchriebenen Ordnungen/wor-
nach ſich beydes das Cammer-Gericht/als auch der
Keyſerliche Reichs-Hof-Rath zu richten.

§. I.

Gleichwie alle und iede wohlbeſtellte Gerichte ihre für geſchrie-
bene Ordnungen und Geſetz haben; Alſo ſeynd auch dieſe beyden höchſten Gerichte des Römiſchen Reichs mit dergleichen verſe-
hen/

hen/nach welchen die vorfallende Streitigkeiten und Rechts-Sachen rechtmäßiger Weise in Verhör gezogen und entschieden werden.

§. II. Das Keyserliche Cammer-Gericht hat bey nahe so viel Ordnungen überkommen/ als im Römischen Reich/ Teutscher Nation/Reichs-Täge sind gehalten worden. Erstlich/ wie es gemeiniglich zu geschehen pflegt/seynd demselben gar kurtze Ordnungen fürgeschrieben worden/ welche aber in folgenden Zeiten auf gehaltenen Reichs-Versammlungen allezeit erweitert und mit andern darzu kommenden Satzungen vermehret worden. Unter denen allen die Beste und Vollkommenste ist/so aus den ältern von dem 1495. Jahr an biß auf das 1546. Jahr publicirten Ordnungen Anno 1548. zu erst verfertiget/ und von Keyser Carln dem V. auf dem im Jahr 1555. zu Augspurg gehaltenen Reichs-Tage promulgirt und heraus gegeben worden/ und diese wird auch von denen Autoren insgemein und als gültig angeführet/wie dann auch derselben einzig und allein in des itzo regierenden Römischen Keysers Leopoldi I. Capitulation Artic. 38. Meldung beschicht.

§. III. Nachdem aber selbige durch die darauf folgende Reichs-Constitutiones, Deputations Abschiede/ SCta Cameralia oder Gemeine Bescheide und andere dergleichen jüngere Satzungen an vielen Orthen verbessert/ erkläret und vermehret worden: Als hat Keyser Rudolff der II. mit der Reichs-Stände einhelligem Rath und Bewilligung/ dem Cammer-Richter und dessen zugeordneten Assessoren im Jahr 1598. anbefohlen/daß sie etliche aus ihrem Mittel/beyderley Religion/erwehlen solten/welche berührte Ordnung mit sonderbaren Fleiß durchsehen/und die in denen Reichs-Constitutionen und andern Satzungen hin und wieder sich befindende Materien an ihren gehörigen Orth setzten und in einen Band zusammen fasseten. Wie nun dieses Werck glücklich und nach aller Wunsch zum Ende gebracht war/ haben sie solches das Concept der verneuerten Cammer-Gerichts-Ordnung/ insgemein aber das Cammer-Concept genennet/und solches Chur Mäynz überschicket/ welcher es auf dem im Jahr 1603. gehaltenen Reichs-Tage der sämptlichen Reichs-Stände vernünfftigen Gutachten unterworffen.

§. IV. Als aber so wohln auf diesem/ als im nechst darauf folgen-

den

den im Jahr 1613. gehaltenen Reichs-Convent deſſen Publication verhindert/ auch auf folgenden Reichs-Tägen ebenfals hierinne nichts gethan und verrichtet wurde/ und mittler Zeit ermeltes Cammer-Concept beedes durch die Reichs-Conſtitutiones, inſonderheit aber dem im Jahr 1654. gemachten Reichs-Abſchied/ als auch die jüngern ergangenen gemeinen Cammer-Beſcheide an vielen Orthen verbeſſert/geändert/auch wol gantz und gar abgeſchaffet worden; Als hat denen Ständen auf der itztgemeltem 1654. Jahr zu Regenſpurg gehaltener Reichs-Verſamlung gefallen/ daß ſolches bey künfftiger Cammer-Viſitation, durch die Herren Viſitatores, mit Hülffe und Zuthun der Herren Beyſitzere und fürnehmſten Procuratoren, durchſehen und verbeſſert/das gantze Werck auch præparatoriè alſo eingerichtet werden ſolte/ damit es auf nechſt-künfftigen (Heutigen) Reichs-Tage endlich zu ſeiner Vollkommenheit gelangen möge. R. A. de anno 1654. §. Das Anno 1613. begriffenes. 134.

§. V. Nachdeme aber angeregte Viſitation noch nicht angeordnet/ deß offtgedachten Concepts Durchſeh- und Verbeſſerung auch ebenfals noch nicht vorgenommen worden; So iſt dahero kaum zu hoffen/ daß auf itzigen Reichs-Tage deſſen ratification und promulgation erfolgen werde.

§. 6. Immittelſt hat der Wohl-Edle Herr D. Jacob Blume/ unſer hochgeehrter Freund/rc. Hand angelegt/ und mit ruhmwürdigen Fleiß und groſſer Arbeit mehr gemeltes Cammer-Concept revidirt die in den vorigen Exemplarien/inſonderheit aber auf dem Raude unzehlich eingeſchlichene Druck-Fehler verbeſſert/wo nöthig/ loca parallela hinzu geſetzet/die Authentiſche Texte aus den Abſchieden und Memorialen der gehaltenen Viſitationen, wie nichts weniger hin und wieder angeführten Conſultis Cameræ an iedem Orthe ordentlich hinzu gethan/ und allenthalben füglliche Anmerckungen darbey gemacht/ was durch die jüngern Vergleiche und gemeinen Beſcheide/ von Anno 1613. an/ biß auf gegenwärtige Zeit/ verbeſſert/ confirmirt erkläret oder gäntzlich abrogirt worden/und ſolches Werck/ mit Ihrer Chur-Fürſtlichen Gnaden zu Mayntz/rc. gnädigſter Bewilligung und Freyheit/in öffentlichen Druck heraus gegeben.

§. VII. Es

§. VII. Es ist nicht gar lang/daß von einem diese Frag auf die Bahn gebracht wurde/weiln dieses neu herauß gegebene Cammer-Concept einige Krafft und Würckung einer Pragmatischen Satzung noch nicht überkommen habe/und sehr zu zweifeln/ob der Keyser und die Teutsche Fürsten solches confirmiren würden/ob dahero daßelbe beständig und mit einem Nachdruck allegirt werden könte? So wird doch gleichwohl Niemand in Zweifel ziehen/daß solches nicht ohne Nutzen gelesen/und ihme aller guter Glaube zugestellet werden könne. Dann allenthalben die eigendliche und außdrückliche Worte der Constitutionen und Abschiede/wie ingleichen der Gemeinen/von dem Keyserlichen Cammer-Richter und deßen zugeordneten Assessoren promulgirte Bescheide (welche/was den Gerichtlichen Proceß betrifft/guten Fug und Macht haben ichtwas zu ändern oder von neuen zu verordnen. L. G. O. part. 2. tit. ult. R. A. de anno 1654. §. Diesem nechst 34. verb. dem arbitrio Judicis) in selbigen zu befinden seyn. Ja es wird auch in der Ordnung der Materie kaum etwas desideriet werden können/also/daß noch im Zweifel/ob die Reichs-Stände etwas mehrers/als in der neuesten Edition beschehen/hinzu setzen oder verbessern werden.

§. IIX. Biß hieher ist von der Cammer-Gerichts-Ordnung gehandelt worden/ Nun wollen wir zur Reichs-Hof-Raths Ordnung schreiten. Dann obwohln nicht allein in dem jüngsten Reichs-Abschiede von Anno 1654. §. Es sollen auch 137. gesetzet und verordnet worden/ daß nach der Richtschnur der Cammer-Gerichts-Ordnung der Gerichtliche Proceß durch das gantze Römische Reich in allen Niedern Gerichten/so viel iedweden Orths Gewonheit zuließ/angeordnet werden solte/sondern auch in den Oßnabrückischen Frieden-Schluß Art. V. § 54 außdrücklich begriffen/daß auch bey dem Keyserlichen Reichs-Hof-Rath die Cammer-Gerichts-Ordnung durchgehends gehalten und in acht genommen werden solte: So hat doch nichts desto weniger dieses Keyserliche Hof-Gericht über itzt gemelte Cammer-Gerichts-Ordnung/deren es in den meisten Stücken folget (R. H. O. Tit. 2 §. So wollen wir auch. ibi. auch so viel müglich/deßelben Unsers Keyserlichen Cam-

B iij   mer-

mer-Gerichts-Ordnung und in allen Sachen gewöhnlichen Proceß/ Termin und Solennitäten gebrauchen
und obſerviren :) ſeine ſonderliche von den Römiſchen Keyſern
fürgeſchriebene Ordnung/ welche Ihre Keyſerliche Majeſtät Ferdinand der III. allerglorwürdigſten Andenckens im Jahr 1654. er-
neuern und zu Regenſpurg durch den Druck publiciren laſſen.

§. IX. Ob nun wohl von Ihrer Keyſerlichen Majeſtät die
Reichs-Stände umb communication derſelben zu behöriger Durch-
ſehung und Beybringung Ihrer Erinnerungen allerunterthänigſte
Anſuchung gethan ; So iſt doch ſelbige nebſt andern wichtigen Materien biß auß Nechſten (Heutigen) Reichs-Tag in ſuſpenſo gelaſ-
ſen worden. Unterdeſſen hat in der neuen Leopoldiniſchen Capitulation art. 41. die itzo regierende Keyſerliche Majeſtät dieſer verneuerten Ordnung in allen nachzukommen ſich reſpectivè mit einem
Eyde verbunden (derohalben auch ſolche von den Chur-Fürſten
„ tacitè approbirt worden) ibi. Wir wollen auch die neu auf-
„ geſetzte und von unſern Vorfahren/ Glorwürdigſten
„ Andenckens / approbirte Reichs-Hof-Raths-Ord-
„ nung (es ſey dann/ daß bey künfftigen Reichs-Tag ein
„ anders verordnet werde) feſt halten laſſen.

§. X. Dahero daß auch die Keyſerlichen Herrn Reichs-Hof-Räthe
dieſer Reichs-Hof-Raths Ordnung in allen nach gehen/ und ſelbige
(allermaſſen ſie ſolches ſelbſt bekennen) genau in Obacht nehmen.
Wannenhero auch wir zu Bekräfftigung deſſen/ was in folgenden ſoll
gemeldet werden/ ſelbige umb ſo viel ſicherer werden allegiren können.

Der Erſte Diſcurs.

Von der Jurisdictione concurrente der
beyden höchſten / im Römiſchen Reich angeordneten
Keyſerlichen Hof- und Cammer-Gerichte/ und andern
zu dieſer Materie gehörigen
Sachen

Das

Von der Jurisdiction oder Gerichts Zwang
ingemein. Und wie weit solche gemelten zweyen
Reichs-Gerichten zustehe.

§. I.

Nachdeme eine Rebublicq, der Politicorum Meinung nach/ ein Stand und Ordnung ist/so wohln derer so gebiethen/ als auch derer die gehorchen; So muß auch selbige ihre gewisse Form und Gestalt haben/von welcher die Gebietende den Nahmen führen. Selbige nun ist eine offeutliche Macht und Gewalt zu gebieten oder das Regiment zu führen. Und ist entweder Summa oder Dependens. Summa ist die jenige/welche bey dem/so der Höchste im Regiment ist/stehet. Dependens aber/ so von dem/welcher die höchste Macht und Gewalt hat/auf andere gebracht wird. Diese letztere hat fürnehmlich mit solchen Sachen zu thun/darüber in den Gerichten gestritten wird; Nach gemeinen Keyserlichen Rechten bestehet selbige auf zweyen Handlungen/und wird außgeübet so wohl durch Geboth und Befehl/ als durch Zwang. Jene wird genennet Jurisdictio, diese Imperium. Die Jurisdiction (welche von andern Jurisdictio simplex oder in specie sic dicta genennet wird) wird beschrieben als eine von Obrigkeit wegen zustehende Macht und Gewalt in civil oder Bürgerlichen Sachen (so fern sie den Peinlichen entgegen gesetzet werden) ichtwas zu befehlen. Imperium aber ist eine offentliche Macht und Gewalt ichtwas in den vorfallenden Gerichts-Händeln (worunter auch die Peinlichen begriffen) zu gebieten oder zu straffen; (Und diese wird von andern Jurisdictio in genere genennet/wiewohln mit Unrecht/denn Jurisdictio in gemeinen Keyserlichen Rechten in einem solchen allgemeinem Verstande nicht genommen wird) und ist selbiges entweder merum oder mixtum. Merum, oder das Ober-Gericht wird beschrieben daß es sey eine durch sonderbares Recht zustehende offentliche Macht und Gewalt/in Peinlichen Sachen etwas zu straffen/ und dieses wird von andern Jurisdictio Criminalis genenet. Mixtum, oder das Nieder-Gericht wird beschrieben/ als eine von Obrigkeits wegen zustehende Macht und

und Gewalt in Civil-Sachen ichtwas zu gebiethen oder zu straffen/ und solches wird von andern Jurisdictio Civilis genennet.

§. II. Das Keyserliche Cammer-Gericht hat Jurisdictionem Civilem und nicht Criminalem, welches zur Gnüge bekand/ alldieweiln es ein Bürgerlich Gericht ist/ eben wie der Reichs-Hof-Rath/ dann die Peinlichen Sachen/ **die Leib-Straf auf ihn tragen** C. G. O. part. 2. tit. 28. §. Item. **Nachdem.** weder in erster noch andern Instantz bey gemelten zweyen Gerichten statt finden C. G. O. citat. loc. R. A. de anno 1530. §. Item **als itzt etliche Zeit.** Worbey aber außgenommen werden (1.) Sachen so einen Fried-Bruch betreffen (2.) die dem Keyserlichen Fisco verwircket und anheim gefallen (3.) So etwann eine Peinliche **Sache/ die** fürnehmlich und insonderheit ex capite nullitatis deducirt werden, entweder an das Keyserliche Cammer-Gericht oder den Reichs-Hof-Rath gedeyhet. Mynsing. Observat. cent. 4. Observat. 42. (4.) Wann nicht so wohl und Hauptsächlich von der That selbsten/ als des Richters Competenz disputirt und gestritten wird. (5.) So es noch Zweifelhafftig/ ob die Sache Peinlich sey. Ob aber dieser bey dem Reichs-Gerichte Jurisdiction ordinaria oder delegata sey? will noch mehr gezweifelt werden. Wir halten darfür/ daß das Cammer-Gericht ordinariam Jurisdictionem habe/ alldieweiln solche auß einem stets wehrendem Reichs-Gesatz/ nehmlich der Cammer-Ordnung fundirt, welche der Cammer von dem Keyser und sämptlichen Reichs-Ständen fürgeschrieben werden. Nun aber ist iedwede Jurisdictio, so durch ein Gesatz verliehen wird/ ordinaria, nach aller Rechts-Lehrer Meynung. Uber diß kan der Keyser die einmahl am Cammer-Gericht anhängig gemachte Sachen nicht wiederumb avociren, wie unten c. 2. §. 7 soll erwiesen werden. Welches ebenfals ein Kennzeichen Jurisdictionis ordinariæ ist. Endlichen/ so höret Jurisdictio delegata auf/ wann der Obere Constituent mit Tode abgehet/ Gilhauf. Arbor Judic. part. 1. cap. 1. §. 7. n. 44 allein des Cammer-Gerichts Jurisdiction exspirirt und verlischet keines Weges durch des Keysers Ableiben/ welches eben eine Anzeigung ist/ daß solche nicht delegata sondern ordinaria. Also hat nach tödtlichen

Hin-

Hintritt Keysers Ferdinandi III. zur Zeit deß Reichs Unterbruchs
(interregni) das Cammer-Collegium sein Ampt in Ertheilung der
Justitz beständig verwaltet/indeme es beydes die offentliche Audientzen celebrirt, als auch Proceß-Sachen decerniret und erkennet/bloß
hat deren Außfertigung in der Cantzley solange in suspenso verbleiben müssen/biß dasSiegel/auf welches der Herren Reichs-Vicarien
Insignia gedruckt/dahin gebracht worden/unter deren Nahmen und
Jnsiegel hernachmahls diese Processe außgefertiget worden. Adde
Schvvan. Observ. Cam. 3. n. 6. & seqq.

§. III. Hier möchte iemand einwenden und sagen: daß der jenige/
so propriam und ordinariam Jurisdictionem hat/selbiger sich in seinem
eignen/und nicht in eines andern Nahmen gebrauchet/arg. L 3. ff. de
offic. ejus cui mand. est Jurisd. Nun aber verrichtet das Cammer-
Gericht/es sey auch was es wolle/alles unter dem Keyserlichen Titul
und Jnsiegel/wie wir unten im folgenden Discurs weitläufftiger
anführen werden. Darauf geben wir zur Antwort: Daß zwar
das Keyserliche Cammer-Gericht Ordinariam Jurisdictionem, aber
nur als minus principalem, dependentem und vicariam habe.
Denn die Camner das Ober-Haupt im Reich repræsentiret und statt
dessen richtet/ Mynf. cent. 4. Observ. 5. Ein Vicarius oder Stadthalter thut nichts in seinem eignen/sondern in dessen Nahmen/dessen
Stelle er vertritt/Wesenbec. Parat. in C.de Offic. Vic. n.1 Doch hält
die Rechtsgelehrten dafür/daß/wenn ein Vicarius generaliter consti-
tuirt, selber seine eigene Jurisdiction und Botmäßigkeit habe. Scip.
Gentil. libr. 2. cap. 9. Menoch. 2. præsumt. 14. n. 3. Also hatte vor
Zeiten der Præfectus Prætorio seine ordentliche Jurisdiction und Ge-
richte/und gleichwohl hat es den Nahmen/daß Er an statt deß Keysers (oder wie Cassiodorus libr. 6. Epistol. redet) vice sacrâ richtete.
Derohalben auch des Cammer-Gerichts Jurisdiction, ob selbige
gleich vicaria und dependens, dennoch ordinaria ist.

§. IV. Eine andere Beschaffenheit hat es mit deß Reichs-Hof-
Raths Jurisdiction, dann selbige bey Verledigung deß Keyserlichen
Throns ruhet. So bald der Keyser mit Tode abgangen/werde sämt-
liche Acta von dem Cantzley-Registratore versiegelt und verwahret/
und wird weiter nichts fürgenommen. Unterdessen aber bestellet ieder

C   Vica-

Vicarius, so weit sich dessen Vicariae im Reich erstrecket/ sein Vicariae-Gericht/ und werden so dann die darinnen ergangene Acta nach geendigten Interregno zu deß neuerwehlten Keysers Hof-Lager übersendet. Weiln sich nun dieses also verhält/ so ist daraus offenbahr/ daß des Keyserlichen Hof-Gerichts Jurisdiction nur delegata, nicht aber ordinaria sey/ dergleichen das Keyserliche Cammer-Gericht hat/ wie im vorhergehenden §. dargethan und erwiesen worden.

§. V. Weiln aber am Keyserlichen Reichs-Hof-Rath fast gantze Proceß Sachen denen hierzu verordneten Commissarien zum öfftern delegirt zu werden pflegen/ so möchte es dahero bey einem und dem andern das Ansehen gewinnen/ als ob der Keyserliche Reichs-Hof-Rath ordinariam und nicht delegatam Jurisdictionem habe. Allein/ wir geben zur Antwort: Ob wohln dergleichen Commissiones bey dem Reichs-Hof-Rath öffters angeordnet werden/ so hat es doch die Meinung nicht/ daß der Reichs-Hof-Rath dergleichen Proceß der Sachen zu delegiren pflege/ sondern der Keyser selbsten/ welcher Commissarien verordnet/ und Ihnen Macht und Gewalt giebt/ daß sie in dergleichen Sachen biß zum Urtheil verfahren mögen. Das Cammer-Gericht hingegen/ ob es wohl ordinariam Jurisdictionem hat/ wie oben erwiesen worden/ pfleget mit nichten einen gantzen Proceß der Sachen zu delegiren, kan auch solches nicht thun/ alldieweiln die Personen nach ihrem Fleiß und Geschicklichkeit erkieset worden. C. G. O. part 1. tit. 3. Dannenhero daselbst eine völlige durchgehende Delegatio einer Rechts-Sache nicht geschehen kan/ sondern nur etzlicher particular-Gerichts-Sachen/ und welche sonsten per subsidium Juris vorgenommen zu werden pflegen/ als da seynd: Zeugen verhören/ Transsumpt. der Instrumenten/ Inspectiones locorum oculares und dergleichen. Ist dennoch ein ziemlicher Unterscheid unter denen Commissionen/ so von dem Cammer-Gericht/ und denen/ so von dem Keyser zu Verhör der Sachen ergehen. Von welchen wir in folgenden Discurs cap. 2. §. 6. handeln werden.

Das II. Cap.
Von der Jurisdictione concurrente, beydes/ deß Keyserlichen Reichs-Hof-Raths/ als auch des Cammer-Gerichts.

§. I.

§. I.

S haben die jenigen/ so von dem Reichs-Rechte geschrie-
ben/schon für längst gar embsig über dieser Frage gestritten:
Ob diese beyde höchste Reichs-Gerichte / nehmlichen
das Cammer-Gericht und der Keyserliche Reichs-Hof-Rath/
concurrentem Jurisdictionem hätten? Oder/ darmit wir mit Herrn
Limnæo Statum controversiæ etwas deutlicher formiren: Ob die jenigen Rechts-Sachen/welche unter des Cammer-Gerichts Jurisdiction gehörig/ auf solche Art und Weise hingehören/daß sie
diß Orths nothwendig abgehandelt / keines Weges aber für
dem Keyser in dessen Reichs-Hof-Rath fürgetragen und ge-
schlichtet werden könten/sondern kurtzumb von daraus hinwie-
der an das Cammer-Gericht remittirt werden müssen?

§. II. Von dieser Frage handelt itzt wohlgedachter Herr Limnæus
in seinem 9. Buch de Jur. Publ. Roman. cap. 4. durchgehends sehr
weitläufftig/ woselbsten Er viel Cameralisten allegirt/ und deren
Gründe pro und contra anführet/ doch die Erörterung dieser Frage
suspendirt.   Ingleichen haben hiervon weitläufftig geschrieben/
Arumæus Vol. 1. de Jure Publ. Discurs. 13. q. 4. Besold. de Jurisd. Rom.
Imper. q. 12. Thom. Mich. de Jurisd. thes. 35. Petr. Heig. part. 1. qv. 9.

§. III. Wir (doch unvorgreifflich eines andern besserer Meinung) halten darfür/ wann diese Frage durchgehends von allen
Rechts-Sachen formiret würde: Ob nehmlich diese beyde
Reichs-Gerichte/ohne der Sachen Unterscheid / concurrentem
Jurisdictionem hätten? daß die negativa sonder allen Zweifel wahr
sey/ alldieweiln offenbahr/ daß der Keyserliche Reichs-Hof-Rath im
Nahmen deß Keysers über die streitigen hohen Reichs-Lehen/ als da
seind: Fürstenthum/ Hertzogthum/ Graffschafften/ꝛc. zuerken-
nen/ (deren Erkäntnüs dann ihme der Keyser einzig und allein vorbehalten C. G. O. part. 2. tit. 7. Gail. libr. 1. Observat. 1. n. 31.) deßgleichen über Ertheilung Keiserlicher Privilegien und deren Bekräffti-
gung/ wie auch Conferirung der Dignitäten und anderer dergleichen
Rechts-Sachen und negotien Rath zu halten pflege (von welchen
unten Cap. 4.) worein sich doch das Keyserliche Cammer-Gericht
niemahls mit eingemischt/ auch sich nicht einmischen können/ dahero

denn auch in diesen und dergleichen Sachen deß Cammer-Gerichts concurrentia Jurisdictionis keines Weges statt hat/ sondern es werden dergleichen Sachen nur am Keyserlichen Hofe in Verhör gezogen und erörtert.

§. IV. Doch aber/wann in particulari sethane Frage fürgebracht würde: Ob nehmlichen das Keyserliche Hof- und Cammer-Gericht in gewissen Sachen concurrentem Jurisdictionem hätte? So bejahen wir dieses ungescheuet: Wie solches außdrücklich zu erweisen aus der N. H. O. Tit. 2. §. So wollen wir auch. ibi

„So wollen Wir auch/ daß Unser Reichs-Hof-Rath
„sonsten und in denen Fällen/darinnen Wir und Unsere
„Vorfahren am Reich/ Unserm Cammer-Gericht con-
„currentem Jurisdictionem zu mehrer Beförderung der
„Partheyen und Unserer Ubertragung mitgetheilet ha-
„ben/demselben seinen starcken Lauff lassen/und per avo-
„cationem causarum nicht verhindern/ wann nehmlich
„solche Sachen albereit daselbst durch außgewirckte und
„insinuirte Citation anhängig gemacht worden.

§. V. Etliche haben statum quæstionis also gesetzt: Ob nehmlichen der Keyser mit der Cammer concurrentem Jurisdictionem habe? Welches sie dann für eine ungereimte Sache gehalten/ gleich ob man fragen wolte: Ob derselbe mit sich selbst concurriren könne? Also schreibt der Autor des gründlichen Berichts/ ob der Keyserliche Hof-Rath mit dem Keyserlichen Cammer-Gericht concurrentem „Jurisdictionem habe? am 50. Blat: Daß zwischen der Key-
„serlichen Majestät und dem Keyserlichen Cammer-
„Gericht per rerum naturam keine concurrentia juris-
„dictionis könne statt haben/ sintemahl die Jurisdictio
„die in Camerâ administrirt wird/ eben der Keyserlichen
„Majestät Jurisdiction ist. Dem sey aber/wie ihm wolle/ob gleich der Keyser dem Cammer-Gericht Jurisdictionem verliehen/so ist es doch weder ungereimt noch seiner Art und Eigenschafft nach unmüg-

unmüglich/daß Er sich deren auch nicht solte gebrauchen können/dann derselbe solche nicht privativè, oder abdicativè sondern cumulativè, wie man zu reden pflegt/der Cammer mitgetheilet/nehmlich zu seiner Ubertragung und daß diese ein Theil der beschwerlichen Rechts-Sachen über sich nehme. Besihe Hillig. ad Donell. libr. 17. Comm. c 9. lit. N. Dañ eben dieser Ursach wegen das Cañter-Gericht eingesetzt worden/daß die Römischen Keyser und deren Hof-Gericht der grossen Last der Rechts-Sachen/ so sich von Tag zu Tage überhäufet / etlicher maßen erleichtert und überhoben würden. Dannenhero thun die jenigen sehr übel/welche das/ was in favorem der Römischen Keyser eingeführet worden/zu Verkleinerung dero Macht und Hoheit anzuziehen sich bemühen.   Und stehet demnach unser Meinung und Satz feste/daß der Keyser in dem Reichs-Hof-Rath eben so wohln über solche Sachen/ in welchen des Cammer-Gerichts Jurisdiction gegründet/ erkennen / und derohalben mit dieser concurriren könne/ und die solches nicht wollen zugeben/wissen in Warheit nicht / was sie sagen.

§. VI. Wir gerathen dahero in eine andere hochwichtige Frage/ so von der ersten herrühret: Ob nehmlichen und zu welcher Zeit zwischen diesen beyden höchsten Gerichten mutua præventio statt finde? Allein von selbiger wollen wir in einem absonderlichen Capitul/ so kurtz nach diesen folget/reden und handlen.

§. VII. Etwas weniges ist noch zu melden/ von den jenigen Sachen/in welchen concurrentia Jurisdictionis und derohalben auch mutua præventio kan und pfleget vorzukommen/und zwar was Sachen den gemeinen Land-auch Religions Friedbruch anlanget/ welches in beyderseits concurrentia Jurisdictionis zugelassen werden soll/ seynd diß fals nicht allein die Texte klar in der C. G. O. part. 2. tit. 9. §. 2. & seq. R. A. de Anno 1566. §. Und nach dem 6. v. Wir wollen auch. Sondern es erhellet auch auß ob angezogenem Beweißthum: Daß nehmlich der Keyser/indem Er dem Cammer-Gericht Jurisdictionem mit getheilt/sich deren keines Weges entzogen und begeben/ sondern ihme solche gantz vollkommen vorbehalten habe/zur Gnüge/daß in den andern Arthen der Rechts-Sachen/ in welchen die Botmäßigkeit oder Gerichts-Zwang deß Keyserlichen

C iij   Cammer-

Cammer-Gerichts in erster Instantz gegründet/ der Reichs-Hof-Rath eben so wohl seine Jurisdiction und Botmäßigkeit habe/ja es bezeuget solches die tägliche Erfahrung mit mehrern. Wie dann ebenfals offenbahr und am Tage/daß von denen Urtheln der Unterrichter/welche nicht schlechter Dings mit der Freyheit/daß man von ihnen nicht appelliren kan/begnadet seyn/oder/so diese dergleichen Freyheit nur auf eine gewisse Summ zu geniessen haben/iedweden frey stehet in summa appellabil: entweder an den Keyser und dessen Reichs-Hof-Rath/ oder aber an das Keyserliche Cammer-Gericht zu provociren.

Das III. Cap.
Von des Cammer-Gerichts und Keyserlichen Reichs-Hof-Raths gegen einander habenden Prævention.

§. I.

JN vorhergehenden ist gemeldet worden/ daß das Keyserliche Hof- und Cammer-Gericht in etlichen Sachen concurrentem Jurisdictionem haben. Nun aber hat zwischen den jenigen Richtern/ welchen concurrens Jurisdictio zustehet/ die præventio oder præoccupatio statt. Es wird aber darfür gehalten/daß einer dem andern in der Jurisdiction sey zuvor kommen/wann die Klag-Sache oder streitige Händel bey einem anhängig gemacht worden. Nun fragt sichs/ wenn die Klag-Sache in dem Gericht anhängig werde? Hiervon redet der Text klar in der R.H.O. Tit. 2. §. So „wollen wir auch/ verb. Wann nehmlich solche Sachen „allbereit daselbsten durch außgewirckte und insinuirte „Citation anhängig gemacht worden. Welches dann Gail. libr. 1. obf. 74. n. 17. Deßgleichen Mynsing. 4. Obferv. 26. und andere ebenmäßig lehren/ daß nehmlich die litis pendenz sich anfange: Wann die Ladung dem Beklagten rechtmäßiger Weise insinuirt worden. Es soll aber der Ladung das Klag-Libell mit einverleibet oder beygefüget seyn/ darmit der Beklagte ersehen und vernehmen könne/warumb er von Klägern belanget werde. R.A.

de anno

de anno 1654. §. Diesem nechst 34. in fin. verb. Darmit der Citirte in diesem allen sich wohl ersehen/ꝛc. Dann/ ehe und bevor Kläger seine Klag-Schrifft überreichet/ ist nicht darfür zu halten/daß eine Sache anhängig gemachet worden. Zang. de Excepr. part. 2. cap. 13. n. 10. Ursach dessen ist diese: Weiln Beklagten vorher noch unbewust warum er verklagt werde/kan derohalben nicht gesagt werden/daß die Sache/ so viel Beklagten anlanget/anhängig worden/ehe und bevor ihme die Ladung zukommen.

§. II. Und dieses verhält sich also/was den Beklagten anbetrifft/ Klägern belangend/ fängt sich respectu seiner die litispendenz an/ so bald als ihme wissend worden/ daß die Ladung erkennet/ ungeachtet solche noch nicht außgefertiget/ oder Beklagten insinuirt worden. Roman. Consil. 330. n. 2. Menoch. de A. J. Q caf. 202. n. 8. Und dieser Meinung wird am Cammer-Gericht nach gegangen/ allwo alsbald nach erkandter Ladung die Documenta litis pendentiæ pflegen communicirt zu werden. Dahero erfolget/ wann nach erkandter Ladung/ob selbige gleich Beklagtem noch nicht zukommen/ Kläger sich an den Keyserlichen Reichs-Hof-Rath wenden wolle/ er solches nicht thun könne/ alldieweiln die Sach bey dem Cammer-Gericht allbereit anhängig worden.

§. III. Wann aber Kläger und Beklagter/ beyderseits durch das Urthel des Unterrichters beschweret/ zugleich appelliren, einer an den Keyserlichen Reichs-Hof-Rath / der ander aber an das Cammer-Gericht/und der so an die Cammer appelliret/ zwar zu erst Ladung erlangt/der ander aber die Citation von dem Keyserlichen Reichs-Hof-Rath etwas später überkommt/gleichwohl selbige eher als der ander insinuiren lässet/so fragt sichs wo die litispendenz sey? Darauf geben wir zur Antwort/ daß solche dem Keyserlichen Reichs-Hof-Rath zustehe/nach außweisung der Gloss. in C. 59. verb. assignatæ de Appellat. Wenn da stehet: Si duo sint ordinarii, possum adversarium meum prævenire coram altero, qvem voluero eligere, non obstante, si Adversarius dicat, qvod volebat & deliberaverat me convenire coram alio, cum qvô tractaverat, nisi ipsius citatio prævenisset. Das ist: „ Wann zweene ordentliche Richter vorhanden/kan ich meinen „ Gegentheil/ bey einem und dem andern/ welchen ich erkiesen will/

„ will/ vorkommen/ unerachtet Gegentheil wolte vorgeben/
„ daß er willens gewesen und bey sich beschlossen/mich für einem
„ andern und mit welchen er tractirt, zu belangen/ woferne
„ nicht dessen außgegangene Citation wäre zuvor kommen.
Denn durch die außgebrachte Ladung (verstehe/ wann solche Beklagten insinuirt) wird zwischen den Richtern/ so concurrentem Jurisdictionem haben/ die prævention eingeführet.   Gail. libr. 1 obs
29. num. 4.

§. IV. Mit einem von dem Keyser verordneten Commissario verhält sich dieses / wie Gylmann. Præjudic. Cameral. voc. præventio
§. dubitabatur. schreibet/ viel anders/ dann er darfür hält/ daß durch
blosse von ihm erkandte Ladung das Cammer-Gericht prævenirt werde; Käme aber die Cammer den Commissarium beydes mit Erken-
kennung als auch insinuirung der Citation zuvor/so wäre jene ordentlicher Richter.   Welches dann gedachter Autor mit einem dißfalls ergangenen Urtheil bestärcket.   Allein durch blosse aufgetragene Commission wird keine prævention zu Wege gebracht/ sondern es wird erfordert/daß der jenige/ welchen durch die aufgetragene
Commission Jurisdictio verliehen wird/ sich derselben anfange zu ge-
brauchen/ welches dann geschicht/ wann von ihme die Citation oder
Ladung erkennt wird.

§. V. Diesen aber scheinet entgegen zu seyn/ daß eine Klage-
Sache allererst von der Kriegs-Befestigung ihren Anfang gewin-
net/ dahero man nicht sagen kan/ daß solche zuvorher anhängig gemacht worden. Hierauf wird geantwortet: Daß sich die litispendenz von der blossen Citation anfange/was den Richter und die
Partheyen betrifft/was aber die streitige Sache an sich selbst an-
langet/hebet sich selbige von der litiscontestation an. Unm. Disput. 12.
n. 23. Und auf solchen Schlag seynd die Rechte und deren Lehrer zu
vereinigen/ welche vorgeben/daß eine Klage-Sache bald von der La-
dung/bald von der Kriegs-Befestigung ihren Anfang nehme/ denn
was den Richter und die streitende Partheyen anlanget/ist die litis-
penden-schon für der Kriegs-Befestigung vorhanden. Wie dißfals
ein merckwürdiger Text in der C. G. D. part. 2. tit. 9. §. ult.
verb. vor oder nach der Kriegs-Befestigung. sich befindet.
                                                        §. VI.

§. VI. Ob aber darfür zuhalten/daß die prævention statt habe/ wenn die Ladung weder erkennet/noch selbige insinuirt, sondern nur Schreiben umb Bericht erlanget und so fort gehöriges Orts eingehändiget worden/wird dieß Orths nicht so gar uneben gefragt? Wir halten darfür/daß solches wahr sey/ (1.) Indeme der Richter durch Erkennung dergleichen Schreiben allbereit hat angefangen über der Sache zu erkennen/ welches dann eine Anzeigung einer prævention ist. Fürs (2) seynd nach Gylman Meinung Præjud. Cameral. verb. præventio. auch die Præcepta extrajudicialia gnug eine prævention zu Wege zu bringen/und dann (3) halten dergleichen Schreiben umb Bericht eben wohl einige Ladung in sich/alldieweiln der jenige/wieder welchen solche außgewircket/umb der Sachen Beschaffenheit zu demonstriren, citirt und geladen wird.

§. VII. Haben demnach diese beyde Reichs-Gerichte eines gegen den andern sich der prævention zu gebrauchen/keines Weges aber stehet ihnen zu die inhibition oder der Sachen Abforderung für die Hand zu nehmen. Dann dem Keyserlichen Reichs-Hof-Rath die jenigen Sachen/ so einmahl am Cammer-Gericht anhängig gemacht worden/ zu avociren, oder sonsten auf andere Arth und Weise den Lauff der Gerechtigkeit zu hemmen verbohten/ nach Anleitung des R. A. de anno. 1654. §. Ebenmäßig sollen hinführo 166. Deßgleichen durch die Keyserliche Capitulation §.42. verb. Die
,, am Keyserlichen Cammer-Gericht zu Speyer aber an-
,, hängig gemachte und noch in unerörterten Rechten
,, schwebende Sachen von dar ab und an unsern Reichs-
,, Hof-Rath nicht abgefordert/ noch von Uns aufgeho-
,, ben und dagegen inhibirt, oder sonst auf andere Weise
,, rescribirt, auch was dargegen vorgenommen/ als null
,, und unkräfftig vom Cammer-Gericht gehalten/ ꝛc.
Wofern aber/ diesem zu wider/ entweder die Partheyen oder der Reichs-Hof-Rath sich ichtwas unterstehen solten/ solchenfalls wird anfänglich aus Ehrerbietung ein Documentum Litispendentiæ außgewircket/und bey dem Keyserlichen Reichs-Hof-Rath loco de-

D   cli-

clinatoriarum übergeben. Wird nun dieses hindan gesetzt/ so ergehet darauf auß dem Cammer-Gericht (in Erwegung dergleichen
Beginnen ipso Jure der Reichs-Constitutionen verbothen) ein
pœnal-Mandat sonder angehengte Clausul, an die Partheyen/ worinnen denenselben anbefohlen wird den Proceß zu continuiren und
keiner dem andern in der angefangenen litispendenz verhinder-
lich zu seyn. Bißweilen wird so thanen Mandat mit inseriret, daß der
ungehorsame Theil in dem anberaumbten Termin erscheine/ ansehe
und vernehme/ wie wegen begangenen Ungehorsams er in die pœn
L. ult. §. ult. C. de in Jus voc. gefallen sey. Dergleichen im Jahr
1650. den 13. Dec. in causa Waldeck contra Paderborn und Consorten die Graffschafft Piermont betreffent/ geschehen. Und weiln uns
berührtes Mandat unter handen kommen/ haben wir nicht für undien-
lich erachtet/ zu besserer elucidirung der Sachen/ solches/ soviel hierzu
nöthig/ anzuführen/ welches denn also lautet:

Jerumb so gebiethen Wir Deiner Andacht und
Euch sampt und sonders von Römischer Keyserlicher Majestät und bey pœn 10. Marck löthiges Gol-
des/ halb in unser Keyserl. Cammer und zum andern
Theil Impetrantischen Graffen ohnnachläßig zu be-
zahlen/ hiermit ernstlich/ und wollen daß Deine And.
und Ihr alsobalden nach Erkundigung dieses/ ohne
einigen Verzug/ Ein- oder Widerrede/ den wegen in
der Graffschafft Piermont und andern prætendirten
Lehen-Stücken vor vielen Jahren bey diesem Unserm
höchsten Gericht Rechts-hängig gemachten Proceß
so wohl in petitorio als in possessorio cum annexis
causis & punctis hierselbsten der Gebühr nach auß-
und fortführen/ der an Unsern Keyserlichen Reichs-
Hof-Rath zu præjuditz hiesigen Cammer-Gerichtlichen litis pendenz per manifestam sub & obreptionem
außgewirckter Citationen und Processus sich ferners
nicht

nicht anmaſſen/ oder denſelben proſeqviren, ſondern offt ermelds dieſesUnſern höchſtenGerichts Judicatur in allen dieſen Sachen und Puncten endlich erwarten/ auch obgedachter litispendenz zu præjuditz ferner nichts ſive per directum, ſive indirectum vornehmen oder attentiren, deme alſo gehorſamlich nachkommen/ als lieb Jhrs und Euch ſeyn mag obangedrohete pœn zu vermeiden/daran geſchicht Unſere ernſtliche Meinung.

Wir heiſchen und laden darneben deine Änd. und Euch von berührter Unſerer Keyſerlichen Macht/ auch Gericht= und Rechts wegen hiermit auf den 30ſten Tag den nechſten nch beſchehener inſinuation dieſes/ deren Wir Jhro und Euch/ zehen vor den Erſten/ zehen vor den andern/ zehen vor den dritten letzten und endlichen Rechts=Tag ſetzen und benennen peremptoriè. Und ob derſelbe kein Gerichts=Tag ſeyn würde/dem nechſten Gerichts=Tag darnach/ ſelbſten/ oder durch einen Vollmächtigten Antwald an demſelben Unſerm Keyſerlichen Cammer=Gericht zu erſcheinen/ erſtlich zwar glaubliche Anzeig und Beweiß zu thun/daß obigem Unſerm Keyſerlichen Geboth alles ſeines Inhalts gehorſamlich nachgelebet ſey/oder wo nicht/und deme gegen Zuverſicht zuwider gehandelt werden ſolte/alßdann wie nicht weniger zu ſehen und hören deine Änd. und Euch umb dero Ungehorſams und obgeſagter Thätigkeiten/ wie auch Uberfahrungs willen in die pœn L. ult. §. ult. C. de in Jus voc. gefallen ſeyn/mit Urthel und Recht ſprechen erkennen und erklären/oder aber beſtändige/ erhebliche und in Rechten gegründete Einwenden/ob Sie und Jhr einige hättet/warum ſolche Erklärung nicht geſchehen ſolte/dagegen/wie ſichs gebühret/vorzubringen/ darüber Unſers Keyſerlichen Cammer=Gerichts endlichen Endſcheid und Erkäntnüs zugewarten. Wann deine Änd. und Jhr kommen/ und erſcheinen alßdann alſo oder nicht/ ſo wird doch nicht deſto weniger auf deß gehorſamen

Theils

Theils oder seines Antw. anruffen und erfoderten hierinnen in Rechten mit gemeldter Erkändnüß/ erklären/ und andern gehandelt und procediret, wie sich deß/ seiner Ordnung nach gebühret. Darnach Sie sich und Jhr Euch zurichten/rc.

§. IIX. Kan demnach der Keyserliche Reichs-Hof-Rath/ einer am Cammer-Gericht einmahl anhängig gemachten Sache Rechtlichen Lauff auf keinerley Weg und Weise hindern/ wohl aber solchen befördern und beschleunigen. Dann ich kan am Keyserl. Reichs-Hof-Rath ein Keyserliches Rescript *pro excitandâ Justitiâ* an das Cammer-Gericht außwircken/ worin der Keyser auf des Parts Ansuchen der Cammer anbefiehlt/ daß sie die Sache schleunigst und geschwind zum Ende bringen solle. Hergegen aber kan/ gleichwie der Keyser dem Cammer-Gericht/ also auch dieses **dem Keyserlichen** *Commissario* pro excitandâ Justitiâ nicht anbefehlen/ sondern wann dieser in Ertheilung der Justitz sich säumig erweiset/ muß man sich dießfalls nicht bey der Cammer/ sondern bey dem Commutenten beschweren. Also/ da im Jahr 1630. die Gemeinde zu Ganserdingen wider ihren Edelman den von Schlütten bey dem Cammer-Gericht *supplicando* einkommen/ und umb ein *Mandat* Sie über die gewöhnliche Frohn-Dienste nicht zu beschweren/ noch daß sie gezwungen werden möchten/ ihr Getreide in seiner Mühlen mahlen zulassen/ anhielten/ so hat die Cammer/ ehe und bevor sie in der Sache ferner versahren/ ihrem in solchen Fällen habenden Gebrauch nach/ an verermelten Edelman umb Bericht geschrieben. Dieser aber hat die allbereit am Keyserlichen Reichs-Hof-Rath habende *prævention* vorgeschützet/ zugleich auch den Jnhalt der dießfalls angeordneten auch bereits angefangenen Commission in beglaubter Abschrifft dem Cammer-Gericht übersendet. Dahero die Cammer der Gemeinde Bitten abgeschlagen. Diese aber hat umb ein anders umb Ertheilung der Justitz an den verordneten Keyserlichen Commissarion, den Grafen von Fürstenberg/ angehalten. Nachdem me Jhr aber auch solches verweigert worden/ hat sie umb Promotoriales gebeten. Es sind aber auch diese den 7. Sept. gemelten 1630. Jahrs abgeschlagen worden/ keiner andern Ursach halber/ wie Verständige darfür gehalten/ als daß dergleichen Sach, der *prævention* halber

halber des Cammer-Gerichts Jurisdiction keines Weges zugestan=
den/ sondern es hätte vorgemelte Gemeinde bey dem Keyser als
Comittenten umb Befehl oder Promotoriales anhalten sollen.

Das IV. Cap.
Wañ dieser beyden höchsten Reichs=Gerichte nehmlichen des Cammer=Gericht und Reichs=Hof= Raths/ Jurisdiction in erster Instanz ge= gründet sey.

§. I.

BEy denen Gerichten werden alle Rechts=Sachen entweder
per viam simplicis qverelæ (welche gemeiniglich die erste In=
stanz genennet wird) oder aber durch eingewandte Appellation
(so die andere Instanz) für=und anbracht.   Und eben auf solche Arth
wird es in denen zweyen höchsten Gerichten des Röm. Reichs/ dem
Keyserlichen Reichs=Hof=Rath und Cammer=Gericht/ gehalten.
Wollen demnach zu erst ansehen/auf was Weise dieser beyder Reichs=
Gerichte Botmäßigkeit so wohln was die Partheyen/als Rechts=
Sachen anlanget/ in erster Instanz gegründet sey. So viel nun
die Beklagten (nach deren Forum Klägere sich regulariter richten
müssen) anlanget/werden selbige/wann sie dem Reich ohne Mit=
tel unterworffen/ rechtmäßiger Weise entweders am Keyserlichen
Reichs=Hof=Rath oder aber am Cammer=Gericht belanget/ es wäre
dann das selbige ihre gesetzte Richtere entweder durch sondere Auß=
träge der Ordnung besiehe die C.G.O. part. 2. tit. 27. oder aber
durch gewillkührte Außträge C.G.O. part. 2. tit. 2. pr. vor sich
hätten/ oder auch durch erlangte Keyserliche Privilegien oder auf
andere Art und Weise/ von der Botmäßigkeit des Cammer=Ge=
richts und Reichs=Hof=Raths exempt wären.   Denn daß das Cam=
mer=Gericht die erste Instantzen genau in acht nehmen solle/ist indem
ungern Reichs=A. von Anno 1654. §. Benebens 105. verf.
die erste Instantias. Abermahls Erinnerung beschehen. Worzu
denn auch in itzt bemelten Reichs=Abschiede. §. Was dann Chur=
fürsten und Stände 168.   Deßgleichen in der Reichs=Hof=
Raths=Ordnung Tit. 2. §. Wir befehlen ibi, Privilegia der
D iij   ersten

erſten Jnſtantz / Jura Auſtregarum &c. aller Gebühr
nach ſorgſamlich in acht nehmen und den Reichs-Ständen
unberührt verbleiben laſſen. Der Reichs = Hof=Rath
ebenfalls außdrücklich verbunden wird. So aber doch einer der
Mitbeklagten ſich der Freyheit der Außträge zugebrauchen hätte/
der andere aber nicht/ ſeynd ſie beyderſeits/ ob connexitatem cauſæ,
für gemelten zweyen Reichs-Gerichten zu belangen/ dann Niemand
für den Außträgen kan verklagt oder belanget werden/ der nicht unter
ſie gehöret/ auch nicht mit dem jenigen/ ſo dergleichen fähig iſt. Alſo
ſeind/ zum Exempel/ die Rechts-Sachen der Schuldner und Jhrer
Bürgen/ ſo wohln der Perſonen als der Sachen ſelbſt halber/ dergeſtalt
mit einander verknüpfft/ daß für dem Gericht/ wo die Principal-
Schuldner belanget werden/ auch die Sache derer/ ſo ſich als Bürgen
verſchrieben/ daſelbſt abgehandelt und erörtert werden ſoll / darmit
nicht continentia cauſæ zertheilet werde. Dieſer und dergleichen
Fälle mehr/ in welchen die Außträge nicht ſtatt finden/ und auf was
Weiſe die Rechts-Sachen ſo wohln durch eingewandte Appellation,
als ohne derſelben/ an das Cammer-Gericht gedeyhen/ werden von
Roding. libr. 1. Tit. 4. cap. 7. angeführt.
§. 11. Was die Sachen anlanget / ſo iſt ſo wohl des Keyſerl.
Cammer = Gerichts / als des Reichs-Hof-Raths Jurisdiction und
Botmäßigkeit in erſter Inſtanz gegründet/ wann das factum an und
vor ſich ſelbſten dermaſſen beſchaffen/ daß ſeiner Art und Eigenſchafft
nach deſſen Erkäntnüs und Erörterung (wann gantz keine Privilegia
erſter Inſtanz vorhanden) für dieſe beyden höchſten Reichs-Gerichte
gehörig. Es werden aber zehnerley Arthen der Rechts-Sachen
erzehlet/ als da ſeynd: Sachen den gemeinen Land und Religions-
Fried-Bruch betreffende. (2) Fiſcal - Sachen. (3) Die eine ſtreitige
Proceſs betreffen. (4) Pfändungs Sachen. (5) Arreſt-
Sachen. (6) Sachen die ein Mandat ſine clauſulä betreffen.
(Dann Mandata cum clauſulä gemelte beyde höchſte Reichs-Gerichte
mit einigem Nachdruck nicht abgehen laſſen können/ es wäre dann/
daß ſo wohln ratione der Perſon als auch der Sach/ ſo ihrer Art und
Eigenſchafft nach dahin gehörig/ dererſelben Juriſdiction und Botmäßigkeit
gegründet ſey. Dann wann der Beklagte dem Reich nicht
                                                                    ohne

ohne Mittel unterworffen/ oder aber die Sach/ ihrer Arth und Eigenschafft nach/ dahin nicht gehörig/ pfleget wider Impetranten Ex-
ceptio incompetentiæ vorgeschützet/ und das erhaltene Mandatum
cum clausulâ caſſirt zu werden.) (7) Sachen die relaxationem Juramenti ad effectum agendi betreffen. (8) Wenn ex L. Diffamari.
Klage angestellet wird. (9) Sachen die versagte oder verzöger-
te Justiß/ und endlich (10) Die Violirung eines Keyserlichen
Privilegii betreffen. Von welchen allen und ieden Roding. libr. 1.
Pandect. Cameral. tit. 6. & ſeqq. und andere mehr handlen.

§. III. Ingemein/ wann etwan wider die Reichs-Saßungen
gehandelt und verbrochen wird/ pflegt der Beleidigte entweder am
Keyserlichen Hofe oder Cammer-Gericht auß sothanen Conſtitutio-
nen wider den Delinqventen oder den jenigen der solchen Saßungen
zuwider gehandelt/ Proceſſe zu erhalten/ ungehindert des Privilegii der Außträge oder anderer Freyheit. Denn weiln allhier/
was die Sach anlanget/ die Jurisdiction fundirt, ſo kan kein Privilegium personale darwider aufgebracht werden.

§. IV. Ob nun wohl in dergleichen Arthen der Rechts-Sachen
dieser beyden höchsten Reichs-Gerichte Botmäßigkeit dergestalt
fundirt, daß nicht darauf zusehen/ ob die streitigen Partheyen mit-
oder ohne Mittel dem Reich unterworffen/ nach Anleitung der Rubric der C.G.O. Tit. 9 part. 2. Ord. Cameral. von Persohnen
und Sachen/ die von ihrer Art und Eigenschafft we-
gen/ ungeachtet/ ob sie/ (die Personen) mit oder ohne
Mittel dem Reich unterworffen/ in erster Inſtanz an das
Keyserliche Cammer-Gericht gehörig. Nichts destoweniger aber wird auch in etlichen beydes des Klägers als Beklagten
immediätär erfordert/ als in Sachen den Religions Friedbruch be-
treffend/ deßgleichen in Pfändungs- und Arrest-Sachen. In etlichen
aber nur des Beklagten/ als in causa L. Diffamari. Daß aber dennoch
allhier mehr auf den Stand und Beschaffenheit der Sache alß der
Person geschehen werde/ erscheinet daraus/ daß dergleichen Sachen
von der Botmäßigkeit der Außträge und andere durch perso-
nal

nal-Privilegia **geſetzte Richter** exempt und befreyet ſeyn/ wie im
vorhergehenden §. albereit von uns erwehnet worden.

§. V. Uber itzt erzehlte Sachen/ worinnen ſo wohl des Cammer-
Gerichts als Keyſerlichen Reichs-Hof-Raths Juriſdiction fundirt, gehören zu dieſen letztern auch noch andere/ deren ſich **das Cammer-Gericht** keines Weges annaſſet/ noch ſich darein miſchet/
von welchen in der K. H. O. Tit. 2. in pr. wenn da ſtehet: **Jn un-
" ſerm Reichs-Hof-Rath ſollen alle und iede Sachen/
" das Heilige Römiſche Reich/ deſſelben Hoheit/ Recht/
" Herrligkeit / Gerechtigkeit / Pfandſchafft / Löſung/
" Regalien, hohe und nieder Lehen/** Privilegien, Indult,
" Confirmation **und anders/ wie ſolches Nahmen haben
mag/ꝛc.** Welches alles daſelbſt gar ſchleunig/ doch mit gnugſamer
der Sachen Verhör expedirt und verrichtet wird. Thue hinzu
oben das 2. Cap.

Das V. Cap.

Auf was Arth und Weiſe ſo wohln am Key-
ſerlichen Reichs-Hof-Rath als dem Cammer-
Gericht die Sachen durch Apellation anhängig
gemacht werden.

§.

UNd ſolcher Geſtalt werden bey dieſen zweyen höchſten Gerichten des Römiſchen Reichs die Rechts-Händel per viam
ſimplicis qverelæ, in erſter Inſtanz anhängig gemacht. Nun wollen
Wir ſehen/ wie ſolche per viam provocationis dahin gedeyhen. Welches ſich dann begiebt/ wann ſich iemand durch ergangenes Decret
oder ander Vornehmen der Obrigkeit oder geſprochenes Urtheil deß
Unter Richters beſchweret findet/ entweder an den Keyſer oder das
Cammer-Gericht appellirt, bißweilen geſchicht ſolches Wechſels
weiſe/ alſi: Jch will hiermit entweder an Keyſerliche Majeſtät
oder an das Cammer-Gericht/ appellirt haben. Bißweilen ge-
ſchieht es conjunctim: Jch will hiermit an den Keyſer und Key-
ſerliches Cammer-Gericht mich beruffen haben. Bißweilen auf
andere

andere Arth und Weise/als: Ich provocire hiermit an das Cam̃-
mer-Gericht oder anders mier dißfals zuständendes Judicium.
Bißweilen geschicht solches schlechter dings / Worbey des Rich-
ters/ an welchen appellirt wird/ keine Meldung beschicht; Und
hat allenthalben/ weiln diesen beyden höchsten Reichs-Gerichten
concurrentia Jurisdictionis zustehet/die prævennor statt/das ist:Die
Appellation geschicht dahin/ wo zu erst die streitige Sache anhängig gemacht worden/ und eben so wird es gehalten wann zweene in gleicher Sach appelliren, einer an den Keyser/der ander an
das Cammer-Gericht / denn ebenfals die prævention gültig ist.
Besihe oben das 3. Cap. §. 1.

§. 11. Darmit aber die eingewandte Appellation an diese beyde
Reichs-Gerichte bestehe/wird erfordert/beydes daß dergleichen pro-
vocatio gradatim, nicht aber per saltum, daß man nehmlich Judicem intermedium, so einer vorhanden/vorbey gehe (die Exceptiones besiehe beym Roding. libr. 1. tit. 20. §. 6. & seqq.) vorgenommen werde/ beydes auch daß die Summ der Klage-Sach also be-
schaffen/ daß dißfalls appellirt werden könne. Im Anfang deß
Keyserlichen Cammer-Gerichts hat man von iedweder Summ
appelliren können/es wäre dann/daß diesen zuwider ein Privilegium
vorhanden gewesen. Im Jahr 1521. aber ist gesetzt und verordnet
worden / daß / wenn man hat appelliren wollen/ summa appellabilis 50. Gülden austragen müssen. C.G.O. de anno.1521. art. 24.
Nachmahls ist diese auf 150. Gülden gestiegen. R.A. de anno.
1570. § Als wir dann 66. Welche Summa im Jahr 1600.
verdoppelt und zu 300. Gülden angeschlagen worden. Deputat. Abschied de Anno 1600. §. Wiewohlen nun 14. Und diese ist im
Jahr 1654. zum andern mahl verdoppelt und auf 600. Gülden oder
400. Reichsthaler erhöhet und vermehret worden. R.A. de 20.
1654. §. Vierdtens soll die Summa 112. Wofern nun Sum-
ma nicht appellabilis ist/ wird die eingewandte Appellation nicht angenommen ; Doch kan gleichwohl revisio Actorum von dem Unter-
Richter/so das widrige Urthel gesprochen/ gebeten/ oder auch die dießfals ergangene Acta an ein Collegium der Rechts-Gelehrten zuschicken bey ihme angehalten werden. Dann solches so wohl durch
                                                        E   den

den Deputat Abschied de anno. 1600. §. Es soll aber 13. alß auch
den Reichs-Abschied vom Jahr 1654. §. Doch mit diesem
Zusatz 113. Denen Partheyen zu Trost nachgelassen und vergönnet
werden. Wann aber diese gebethene Durchsehung der Acten oder
dererselben Ubersendung an ein Collegium der Rechtsgelehrten verweigert wird/ist kein Zweifel/daß sowohln am Keyserlichen Reichs-
Hof-Rath als dem Cammer-Gericht ein Mandat umb die gesuchte
Revision zuzulassen/oder daß man sich des Rechts der Reichs
Constitutionen ungehindert gebrauchen möge/außgewircket werden könne. Es fragt sich aber: Ob dergleichen Revisio Actorum
auch in causâ appellabili kan gesuchet werden? welches wir mit
Nein beantworten/weiln remedium extraordinarium, dergleichen
die Revision ist/nicht statt hat/wenn man sich eines ordinarii, nehmlich
der Appellation bedienen kan. In denen Gerichten aber/wo durch ein
sonderbares privilegium de planè non appellando keine zu proviciren
zugelassen wird (dergleichen auf Sächsischen Boden bräuchlich)
ist doch gleichwohl vergönnet der Leuterung und Oberleuterung
(darvon Herr D. Carpzov sel. Andenckens in seinem Sächsischen
Rechts-Proceß Tit. 17. weitläufftig handelt/) oder anderer dergleichen Rechts-Wohlthat sich zugebrauchen. Wann aber dergleichen beneficia verwegert werden/ hat es eben darmit die Beschaffen-
heit/was wir itzo von der Revision gemeldet haben.Also da in Sachen
H. contra S. W. die begehrte Leuterung abgeschlagen und das Urtheil
vollstrecket wurde/ist bey dem Cammer-Gericht umb Verstattung der
Leuterung/ wie auch umb ein Mandat de cassando, restituendo & non
turbando nec amplius innovando S. C. angehalten worden/allein es
„ wurde darauf decretirt: Ist gebethenes Mandatum de con-
„ cedendâ Leuteratione erkandt/ daß übrige Begehren
„ aber abgeschlagen. In Consilio d. 1. Martii 1649. Wo nun
die Appellation nicht zuläßlich/ist doch keines Weges revisio Actorum und dererselben Ubersendung an ein Collegium der Rechtsgelehrten oder aber die Leuterung/ oder ander dergleichen in Rechten verordnetes oder durch Gewohnheit eingeführtes beneficium
verboten.

§. III.

§. III. Es wird aber die Appellation nicht zugelassen/nicht allein/ wann Summa appellabilis nicht ist/ was die Cammer=Gerichts= Ordnung und Reichs Constitutiones anbetrifft/ sondern auch so sie dem dißfals vorhandenem privilegio nicht conform; Dann die meisten Reichs=Stände haben eine solche Freyheit/daß von ihren gesprochenen Urtheln biß auf eine gewisse Summ nicht appellirt werden kan. Wo nun dergleichen Privilegium vorhanden/ist nicht genug daß summa appellabilis sey/ so viel die Reichs=Satzungen anlanget/ sondern es wird auch erfordert/ daß selbige dem Privilegio gemäß sey. Denn nachdem durch den im Jahr 1654. gemachten Reichs= Abschied die Summ/ unter welcher man nicht appelliren können/er= höhet worden/ hat Keyserliche Majestät zugleich versprochen denen Ständen des Reichs auch noch höhere Privilegia de non appellando zu ertheilen/welche Erhöhung auch die Meisten gar reichlich erhalten haben. Wie dann so wohln dem Cammer=Gericht als Keyserlichen Reichs = Hof=Rath diese und dergleichen denen Reichs=Ständen zu= stehende Privilegia sorgsamlich in acht zu nehmen anbefohlen wird/ so wohln in R. A. de anno. 1654. §. Drittens sollen. III. Als
„ in der R. H. D. tit. 2 §. Wir befehlen auch ibi. Wir befeh=
„ len auch hiermit unserm Reichs=Hof=Raths Præsiden=
„ ten und Räthen ernstlich/und wollen/daß sie in Erken=
„ nung/rc. Privilegia de non appellando und der Summa
„ unter welcher man nicht appelliren und die Sach an
„ höhere Gericht bringen kan/aller Gebühr nach sorg=
„ samlich in acht nehmen und den Reichs=Stän=
„ den unberührt verbleiben
„ lassen.

Der Andere Discurs.

Von denen Keyserlichen Processen / welche auf bittliches Suchen und Anhalten der Partheyen / sowohln vom Keyserlichen Hofe / als dem Cammer-Gericht aus / zu ergehen pflegen.

CONTINUATIO.

Jsher ist in unserm ersten Discurs (nachdeme etliche præliminaria præmittirt worden) von der Jurisdiction und Botmäßigkeit dieser beyden höchsten Gerichte des Heil. Rom. Reichs / und wie solche / sowohln was die Partheyen / als Rechts-Sachen / deßgleichen concurrentiam Jurisdictionis und gegen einander habenden prævention, auch andere zu dieser Materie gehörige Sachen anlanget / fundirt sey / geredet und gehandelt worden. Nun erforderte die Ordnung / daß wir, Unsern Discurs ad modum procedendi, wie nehmlich in gemelten beyden Gerichten mit dem Proceß verfahren werde / richten solten; Allein / weiln ein Rechtlicher Proceß nicht angestellet werden mag / wo nicht das jenige / was solchen bereitet und den Weg bahnet / vorher gangen / so will nöthig seyn / daß wir dasselbe zu vorher betrachten / und das andere biß auf folgenden Discurs versparet seyn lassen. Die Vorbereitung eines Rechtlichen Processes aber bestehet darinn / daß (1) die Partheyen umb Erkennung der Processe bittlich anhalten. (2) Daß die gebethene Processe erkennt und außgefertiget / und dann (3) gehöriges Orths insinuirt. auch in dem anberaumbten Termin reproducirt werden. Werden wir etwas weniges melden wollen.

Das I. Cap.

Wie die Processe beydes am Keyserlichen Cammer-Gericht / als dem Reichs-Hof-Rath gebeten / auch sofort erkennet werden.

§. I. Das

DAs Wort: Proceß wird insgemein auf vielerley Arth und Weise gebraucht. Als in L. 41. ff. de Donat, inter Vir. & Uxor. wird es genommen pro Pompâ. Woselbst die Worte: donare ad Processus Viri nichts anders bedeuten: Als da eine Frau Ihrem Ehe-Manne solcher Gestalt etwas schencket/daß es derselbe in pompi, das ist: in offentlichen Processionen oder Gepräng der Bürger-Meister und Raths oder anderer Magistraten möge gebrauchen/darvon in Nov. 105. c. 1. L. 2. C. de Consul. wie die Meisten diesen Legem also erklären und außlegen. Andere aber legen dergleichen des Weibes Donationes ad Processus viri, auß von denen Unkosten ad promovendum Maritum per gradus L. 45. pr. ff. de negot. gest. Also wird das Wort Proceß/bißweilen insgemein genommen pro progressu in literis. Allein/wenn es in dem Verstande/wie es in Gerichten bräuchlich/genommen wird/so bedeutet es nichts anders: Als eine Rechtmässige Ordnung eines Gerichts/nach welcher der Richter und die streittigen Partheyen verfahren/biß die angebrachte Klag Sach ihr vorgesetztes Ende erreiche/oder aber/wie solches D. Fibig. part. 1. de Proceß. Judic. cap. 1. setzet/bedeutet es: ordinem & formam judiciorum competentem, sive modum ordine tractandorum Judiciorum legitimum. Allein in solcher Bedeutung gebrauchen wir Uns allhier dieses Worts nicht/sondern es werden abusivè unter diesem Nahmen/welcher durch täglichen Gebrauch und Observanz in foro Camerali eingeführet worden/alle die jenige Keyserlichen Briefe/so entweder zu Ansahung/oder Beförderung/oder zu Vollführ- und Endigung der Processe emaniren, verstanden und angedeutet. Besihe die C.G.O. part. 1. tit. 38. §. 1. verb. Keyserliche Briefe oder Proceß/und part. 3. tit. 12. §. Und erstlich ibi. Und erstlich/was die Ladung/ Mandata und andere Proceß antrifft. R.A. de Anno. 1654. §. Darmit aber auch 165. verb. der Cammer-Gerichtlichen Processen.

§. II. Es müssen aber alle dergleichen Processe durch Supplicationes und Bittschrifften erlanget werden. C.G.O. part. 1. tit. 22. Welche am Cammer-Gericht entweder Schrifftlich so wohln Ju-

dicialiter

dicialiter als extrajudicialiter eingegeben/oder aber auch Mündlich vorgetragen werden/welches dann in denen öffentlichen Audienzen durch Mündliche Recesse geschicht/gleich wie umb Citation zu reassumirung eines Processes/oder umb Commission, oder umb Processus arctiores und dergleichen gebeten und angehalten wird.

§. III. Die Extrajudicial Bittschrifften seynd am allergebräuchlichsten/dann die Procuratores nicht leichtlich die *Judiciales* für die Hand nehmen/es wäre dann/daß sie durch ein Decret dahin gewiesen würden/welches zugeschehen pflegt/so offt in einer solchen Sach supplicirt wird/die mit einer andern/so in dem Gericht allbereit anhängig gemacht worden/verknüpft ist/und der Referent verspüret/ daß sonder contradiction deß Gegentheils und kurtz vorher ergangener Erkändtnüs der Sach/die gesuchten Processe *nicht mögen erkennet werden.*

§. IV. Wie und auf was Weise aber dergleichen extrajudicial-Supplicen pro extrahendis Processibus dem Keyserlichen Cammer-Richter durch die Procuratores oder deren Schreiber übergeben werden/ist nöthig dießfals etwas weniges zuberühren. Nehmlichen: Es pflegen selbige nebenst denen Beylagen (durch welche deß Supplicantens anziehen in continenti *kan* dargethan und bescheiniget werden. Inhalts des Reichs-Abschieds de Anno. 1654. §. alle Supplicanten 79. Deßgleichen/so allbereit vorhero in eben derselben Sach supplicirt worden/welchenfals denn auch die vorigen Supplicationes und darauf erfolgte Decreta mit bey zu legen) Morgens früh in die Cantzley/ehe die Herren Assessores in Rath kommen/eingegeben zu werden/woselbsten von den Notarien solche registrirt und nachmahls dem Supplications-Rath übergeben werden. Es muß aber die Eingebung aller und jeder dergleichen Supplicen zwiefach oder doppelt beschehen/darvon ein Exemplar ad Acta geleget/und bey dem Gericht in Verwahrung genommen/das andere aber mit dem darauf geschriebenem Decret deß Supplicantens Pro-Curatorn, oder dessen Schreiber/nach geendigten Rath/durch die Notarien wieder zugestellet wird.

§. V. Es werden aber die gebethene Processe erkennt/oder aber verweigert/bald schlechter dings/wann auf die Supplic das Wort:

Er-

Erkennt/ oder: Abgeschlagen/ geschrieben wird. Bald werden etliche gebethene Processe erkennt/ etliche aber abgeschlagen/ und wird auf die Supplication geschrieben: Ist Citation &c. erkennt/das übrige Begehren abgeschlagen. Bißweilen auch/ so sich in dem Schluß und petito Mangel ereignet/ wird erkennt: Wie gebethen abgeschlagen. Oder aber befindet sich in den narratis ein Mangel/ und ist von Supplicanten ein und ander reqvisitum der jenigen Constitution, worauß er supplicirt, auffen gelassen worden/wird mit diesen formalien erkennet: Auf vorgebrachte narrata abgeschlagen/ oder: Wofern Supplicant förmlicher suppliciren wird/ soll darauf ergehen/ was recht ist.

§. VI. Wie/un auf was Weise aber die Supplicen zu Erlangung der Processe/recht gestellet und eingerichtet werden sollen/ wird auß dem 9. § erhellen/ woselbsten wir eine Formul einer Supplic anführen/ und zugleich alles mit inseriren und einverleiben werden/ was zu einer förmlichen und vollkomenen Supplication erfordert wird. Allhier wollen Wir nur zum Antritt dessen den Unterscheid bemercken/ daß nehmlichen des Cammer-Gerichts Supplicen an den Keyserlichen Cammer-Richter eingerichtet werden müssen/ welche sich auf diese Arth anfangen: Durchlauchtigster Fürst/ dero Röm. Keyserl. Majest. Cammer-Richter gnädigster Herr. Auf der Rubric aber wird dessen Nahm oder Titul nicht hinzu gesetzt/sondern nur schlecht darauf geschrieben: Unterthänigste Supplication pro Citatione &c. Mandato &c. Anwaldens N. Hergegen/ was die Supplicationes und Bitt-Schrifften/ so dem Reichs-Hof-Rath übergeben werden/ anlanget/ werden selbige nicht an den Reichs-Hof-Raths Præsidenten, sondern an die Keyserl. Majest. selbsten gerichtet/ mit diesem oder dergleichen Anfang: Aller Durchlauchtigster/ Großmächtigster und Unüberwindlichster Römischer Keyser/ auch zu Hungarn und Boheimb König/ꝛc. Allergnädigster Herr/ꝛc. Da dann auf

auf die Rubric ebenfals Keyserlichen Majestät Titul geschrieben wird.

§. VII. Es wird aber am Keyserlichen Reichs-Hof-Rath bittlich angehalten entweder umb Ertheilung Keyserlicher Indulten, Gnaden/ Privilegien, und dergleichen/ oder aber umb Processe. Was die erste Arth der Supplicen und Bittschrifften anlanget/ (wiewohln es auch bey der letztern von einfältigen und des Gerichts-Brauchs unerfahrnen Personen zu geschehen pfleget (werden selbigen entweder dem Keyser selbst/ (wann Er auß der Hof-Capel durch die Ritter-Stube gehet/ oder auch anderswo) mit tief-gebeugten Knien eigenhändig überreicht/ oder aber dem Reichs-Vice-Cantzler übergeben/in dem es gleich viel/ dann der Keyser alle ihm überreichte Supplicen diesem zu überschicken pfleget/ darmit er solche durchsehen möge/ ob sie in den geheimten- oder aber Reichs-Hof-Rath gehörig. Die jenigen nun/welche für diesen letztern gehören/werden von ihme/dem Reichs-Vice-Cantzlern/ mit diesem Wort bezeichnet: Reichs-Hof-Rath/ auch zugleich der Tag/wenn solche præsentirt (dergleichen Signaturen dann uns zum öfftern unter Handen kommen)
„mit hinzu gesetzet. R.H.O. Tit. 3. in pr. ibi. Welcher
„ (Reichs-Vice-Cantzler) die jenige Schreiben und Sa-
„chen/ so im Reichs-Hof-Rath zu berathschlagen/ signi-
„ren und in einem verpetschierten Fasciculo Unserm
„ Præsidenten iederzeit zuschicken soll.

§. IIX. Was aber die Supplicationes sun Außwürckung der Processe anlanget/pflegen selbige dem Herrn Reichs-Hof-Raths Præsidenten selbsten (wenn Er in den Rath gehet/ oder auch anderswo) durch die Procuratores und Reichs Agenten überreichet/ oder aber durch den Reichs-Hof-Raths-Thürhüter in den Rath eingegeben zu werden. R.H.O. Tit. 3. in pr. Welcher solche hernachmahls unter die Herren Reichs-Hof-Räthe ad referendum außtheilt. Was nun selbige von ihnen vorgetragen/wird in plenô consessu über Supplicantens Anbringen und Verlangen deliberirt. und wofern Processe (Ladungen/Beschliche/ & etcripta.) Privilegien, Indulten, und andere dergleichen Keyserliche Briefe erkennet/wird das Decretum auf die

Supplic auf diese und dergleichen Art geschrieben : Fiat Voluntas Supplicantis, oder : Expediatur. Wie und auf was Weise aber die ergangene Decreta denen Procuratoren und Partheyen durch den Secretarium notificirt werden/ **Davon besihe den dritten** Discurs **Cap. Von Eröffnung der Urtheil** in fin.

§. IX. Ehe wir die unterschiedene Arthen der Keyserlichen Proceße an und für sich selbsten zu betrachten für Uns nehmen/ wollen wir (Unsern obigen in den fünften §. beschehenen Versprechen nach) Copey einer Supplic, worinn umb **Proceß** angehalten wird/ und die so wohln bey dem Cammer-Gericht/ als Keyserlichen Reichs-Hof-Rath bräuchlich/ allhier mit anführen. In Sachen simplicis qvereæ oder in der Supplic selbsten bringt Kläger an und für : Daß er narrata statt deß Klag-Libels, und adjuncta, statt der Beweisung/ im ersten Termin widerholen wolle/ oder aber hänget ein Summarisch Klag-Libell, als ein adjunctum, bey der Supplic absonderlich mit an. Die erste Art ist gebräuchlicher als die andere/ doch werden sie beyde zugelassen: Was die erste anlanget/ bestehet die Bittschrifft in folgenden Wesentlichen Stücken : **Aller Durchlauchtigster/ Großmächtigster und Unüberwindlichster Keyser/ ꝛc.** (Wann nehmlich bey dem Keyserlichen Reichs-Hof-Rath supplicirt wird) oder : **Durchlauchtigster Fürst/ Dero Röm. Keyserlichen Majestät Cammer-Richter/** (wann bey dem Cammer-Gericht wird supplicirt, thue hinzu oben den 5. §.) **Ew. Keyserlichen Majestät** oder **Ew. Fürstl. Durl. bringet Anwald/ ꝛc.** (Allhier müssen die Nahmen und Titul der Klägere einverleibt werden) **wider die N. N.** (Beklagte/ wofern auch Consorten oder deren Curatores verhanden/ müssen selbige gleichfals nebenst den jenigen/ welche unter ihrer Pflegschafft seyn/ mit benennet werden) **in Unterthänigkeit** supplicirend **vor und an/ was gestalt/ ꝛc.** (Allhier folget das factum, worbey dann die nothwendigen Umstände/ auf das kürtzeste als immer geschehen kan/ wie ingleichen/ so es Supplicanten gefällig die Documenta probatoria mit angeführet werden.) **Wann aber/ Aller-Gnädigster Keyser**

F   **und**

und Herr (bey dem Cammer-Gerichc: Gnädigster Fürst und Herr) Anwalds Principaln &c. (allhier beschicht von Supplicanten die assumction. und müssen die Ursachen/ warum Proceß zu erkennen/wie ingleichem die Jura so sich auf das factum schicken/ deß= gleichen genus actionis mit angeführt/endlichen auch fundatio Jurisdictionis, so wohln was die Principalen als Consorten anbetrifft/mit angehangen werden) endlich wird annectirt: Gestaltsam Anwald in primo reproductionis termino obige narrata loco libelli, animo litem affirmativè contestandi, dann die Beylagen loco probationis cum reservatione ulterioris, qvatenus opus, zu wiederhohlen (allwo auch nach Guttdün= cken die Bitte an sich selbst mit interirt werden kan:) Dann zu petiren gemeint ist/daß die Beklagte (nach Unterscheid der Klag in die und Poen/rc.) zu condemniren seyn dieselben auch also wircklich zu condemniren, dann Legalem Terminum utriqve parti communem zu præfigiren (folget so dann der Schluß) Als gelanget an eure Keyserliche Majestät (An Ew. Fürstl. Durchl.) Anwalds unterthänigste Bitte/ Die allergnädigst (gnädigst) geruhen/ wieder Eingangs gemelte Herrn Beklagte Citationem ad videndum, zum Exempel: exigi debitum, vindicari hereditatem &c. Darinnen dieselbe an Ew. Keyserl. Majest. Hof (bey der Cammer: an dieses höchste Gericht) in gewöhnlicher Zeit zu erscheinen gewiesen werden/umb zu sehen/daß sie zu Erstattung des Capitals/ Pensionen, Kosten und Schaden condemnirt werden. Hierüber/rc.

§. X. Und auf solche Art wird in causis simplicis qverelæ umb Citation angehalten. Was aber die jenigen/worinnen umb Mandata mit oder ohne clausulâ justificatoriâ angehalten wird/ betrifft/verhält sichs mit ihnen auf diese und dergleichen Art: Im Eingange werden die Nahmen und Titul der streitigen Partheyen vorher ge-
setzt/

seķt/wie oben angeführt worden/worauf immediatè das factum cum affumtione muß annectirt werden: **Wann aber dieses geklag-te factum allen so Geistlichen als Weltlichen Rechten/ des H. Reichs** Conſtitutionibus, **und der selbſtändigen Billigkeit entgegen mit den geringſten Schein Rechtens nicht zu bemänteln iſt/** (worbey dann nach Unterscheid deß ge-klagten facti die Umſtände aggravirt werden) **in welchen Fäl-len/vermöge der Cammer-Gerichts-Ordnung/** 2. Theil. tit. 23 (welcher locus gemelter Ordnung allzeit angeführt werden muß/es wäre denn Sach/daß einer wegen einer Special-Conſtitution fuppliciitte, welchenfals Jurisdictio daraus infonderheit muß fundirt werden) â præcepto & executivè **wohl angefangen werden kan/geſtaltſam ob** notoriam immedietatem **deß Beklag-ten/rc.** (Allhier muß Fundatio Jurisdictionis mit einverleibt/ und endlich der Schluß angehangen werden) **Als gelanget/rc. wieder Eingangs benante Beklagte ſamt und ſonders ein** Mandatum (de relax, capt. folv. reſt. &c.) **darinnen denenſelben/daß sie ſobald nach Verkündigung dieses oh-ne einigen Verzug/Ein- oder Wieder-Rede/vielweniger** (so etwann die Mit-Beklagte **Beampte** oder Officiales ſeynd) **angemaßter Vertretungen** (hier muß alles/was so wohln von Beklagten zuthun oder zu laſſen/ cum omni causâ, Intereſſe und Schaden mit hinzu gethan werden) **alles Ernſts und bey einer nahmhafften Poen abefohlen werde/** annexâ citatione folitâ **allergnädigſt/** (gnädigſt) **förderlichſt zu erkennen.** Eine Formul/ wie man in Appellation-Sachen fuppliciren foll/iſt bey Roding. libr. 3. Bandect. Cameral. Tit. 20. §. 45. zu befinden.

Das II. Cap.
Von unterschiedenen Arthen der Key-
ſerlichen Proceſſe.

F ij   §. L

§. I.

ALle und iede Proceſſe/ und die ſo wohln am Keyſerlichen Reichs-
Hof-Rath als dem Cammer - Gericht zu Anfahung/Beforde-
rung oder Vollführung einer Rechts-Sach erkennet werden/ pflegen
entweder an die ſtreitigen Partheyen/ oder aber an den Tertium,
der mit dem jenigen/ ſo dergleichen Proceſſe erlangt/ keine Rechts-
Sache hat/zu ergehen.   Die Partheyen anlangende/ werden an
dieſelbe entweder Citationes oder aber Mandata abgelaſſen. An den
Tertium aber Inhibitionales (welche doch zugleich auch an die Partheyen gerichtet werden) Promotoriales, Compulſoriales, Subſidia-
les, Commiſſiones, Schreiben umb Bericht/ Arreſta, Seqveſtra-
tiones und dergleichen.   Von welchen allen und ieden Wir etwas
wenigs melden wollen.   Von den Proceſſen/welche in puncto executionis erkennt werden/ ſoll unten in Cap. von Volſtreckung
der Urtheil/ gehandelt werden.   So viel aber die Privilegia, Indulten, deßgleichen die Beſtätigungen der Privilegien, Contracten,
und andern dergleichen/ ſo zu der Sachen Proceß nicht gehörich/an-
langet/werden ſolche improprié und abuſivé Proceſſe genennet/ und
ſeynd mit beſſern Recht Diplomata zu heiſſen.

§. II. Was Ladung für Gericht ſeyn/iſt bekandt. Selbige ſeynd
nun nach unterſchiedener Art und Beſchaffenheit der Sachen auch
mancherley. Bald wird einer citirt und für Gericht gefordert ad videndum exigi debitum; bald ad videndum, juſtificari titulum poſſeſ-
ſionis; bald ad videndum ſe immitti in hereditatem; bald nach Beſchaffenheit der Sachen und Gelegenheit deß facti wieder auf andere
Art und Weiſe. Von den Ladungen ad reaſſümendum wollen wir
unten in den Cap. von den Gewalt der ProCuratoren reden
und handlen.

§. III Wenn das factum alſo beſchaffen/ daß à præcepto und
gleichſam von der Execution der Proceß angefangen werden kan/wer-
den in offt angezogenen beyden höchſten Reichs-Gerichten/ dem Hof-
und Cammer-Gericht/ Befehliche erkennt/ worinnen im Nahmen
Röm. Keyſerl. Majeſtät mit Androhung einer gewiſſen Nahmhafftig gemachten Straf/ einem entweder etwas inhibirt und verboten/
oder aber anbefohlen/gebethen und auferleget wird. Und dergleichen

chen Befehliche führen nach Beschaffenheit der Sachen und des facti unterschiedene Titul mit sich/als de restituendo, de non offendendo, de relaxando Captivum, ja sie haben dergleichen Titul so viel/als sich nur facta ereignen und begeben können: Ihr allgemeiner Unterscheid bestehet darinnen/daß sie entweder mit oder aber ohne clausulâ Justificatoriâ zu ergehen pflegen. Und setzet Mindanus c. 5. de Mandat. n. 3. hinzu/daß etliche auch mixta wehren/welche nehmlich theils mit/theils aber ohne dergleichen Clausul an die Partheyen ergiengen. Allein/ wir halten darfür/daß gedachter Mindanus dießfals eine Irrige Meinung habe. Denn wann ich in einem Proceß ein Mandat über einer streittigen *possess* cum clausulâ erlange/und zugleich auch eines de non offendendo sine clausulâ) welches Exempel dann Mindanus selbst setzet/so ist es keines weges ein Mandatum mixtum, sondern es seind dißfals zwey Mandata in einem Proceß ergangen/denn allemahl in dergleichen Processen/in welchen so wohln cum, als sine clausulâ Befehl ergehet/ in numero plurali gesetzet wird: Diesen unsern Keyserlichen Mandaten, und wird eines nach den andern absonderlich proponirt. Es wird aber ein Mandatum cum clausulâ dieses gennennet/ wordurch/ ungeachtet darinnen mit Benennung einer gewissen Straf einem etwas zu thun wird auferleget/ dennoch dem jenigen Part/wieder welchen dergleichen Befehl ergehet/ zugelassen ist/wofern er sich dardurch beschweret befindet/ Gründe und Ursachen/ warumb er denselben zu pariren nicht schuldig sey/ in dem darzu anberaumpten Termin Gerichtlichen zu proponiren. Wo nun das factum, dergestalt beschaffen/daß es in Rechten auf keinerley Weg und Weise justificirt werden kan/oder aber einen unersetzlichen Schaden mit sich bringet/oder wider den gemeinen Nutzen läufft/oder auch keinen Verzug leiden kan (dann dieses seynd die vier general Fälle/so in der Cammer-Gerichts-Ordnung part. 3. tit. 23. exprimirt und Nahmhafftig gemacht worden. Thue hinzu den R. A. de anno 1654. §. Alle Supplicanten 79. So pflegt man umb Mandata sine clausulâ anzuhalten welchen nehmlich keines Weges dergleichen Citation: daß der Beklagte/so er sich gravirt befände/ Ursachen/ warumb er dem Befehlich folge zu leisten nicht schuldig sey/darthun und erweisen solle/ annectirt wird/sondern es wird Beklagten præcisè

P iij   auf-

auferleget/daß er dem Befehl unweigerlich parition leiste/mit ange-
hengter Citation, in dem anberaumten Termin zu erscheinen/ und
daß er sofort parirt erweisen/ oder aber/ da solches nicht gesche-
hen/er sehen solle/wie er in die dem Mandato einverleibte Straf
erkläret werde/ oder aber erhebliche Ursachen fürbringen möge/
warumb solche Erklärung nicht geschehen solle.

§. IV. Es möchte dahero bey iemand sich Zweifel ereignen/wie
und auf was Weise diese mandata sine clausulâ genennet werden kön-
ten/allbieweiln bey selbigen auch die clausul: oder aber beständ-
dige erhebliche Ursachen/ ob ihr einige hättet/warumb
solche Erklärung nicht geschehen solle/ fürzubringen/
mit hinzu gesetzet wird? Dahero auch Gail. libr. 1. Observ. 113 n. 1.
meldet/daß dergleichen Mandata in effectu clausulam Justificatoriam
annexam hätten. Allein auf diesen Einwurff geben wir zur Antwort: Daß zwischen diesen clausulen ein grosser Unterscheid sey.Denn
in den Mandaten (cum clausulâ) gehet die clausul dahin/daß wieder
den Befehl an sich selbsten Ursachen anzuführen/warum nehmlich
demselben keine parition geschehen solle. In diesen aber (sine cl.)
wird zwar die clausul mit hinzu gesetzt/ aber nicht wieder das Mandat
an und vor sich selbsten/sondern nur wieder Declarationem poenæ
zu excipiren, und die Ursachen warumb solche Erklärung nicht geschehen solle/ darzuthun und zu erweisen/und daß vielleicht Beklagter nicht parition leisten können/ wiewohln auch nicht allemahl den
Mandatis sine clausulâ dergleichen clausul mit einverleibt/sondern selbige offters aussen gelassen wird.

§. V. Insgemein und zum öfftern wird von den Advocaten und
Procuratorn umb Mandata sine clausulâ angehalten/ woferne nur/
nach Gelegenheit des facti und der Umbstände/ solches füglichen geschehen kan. Und gewißlich ist es der Mühe noch wohl werth/daß
die Procuratores und Agenten sich höchstes Fleisses dahin bearbeiten/
und unter was Fürwand sie nur immer können/ die in ihrem Klag-
Libell angeführte speciem facti auf obangezogene vier Fälle accom-
modiren und einrichten/dann solcher Gestalt werden sie den Umb-
schweiff der Außträge entgehen und den Lauff und Proceß der Sachen dardurch beschleunigen können.

§. VI. Wo das factum, inqvalitate Mandati, die Jurisdiction am Keyserlichen Reichs-Hof-Rath nicht gnungsamb fundirt, wird offt ein Keyserliches Rescript erkennet/ ob gleich umb solches ausdrücklich nicht gebeten worden/oder/so dieses zum wenigsten implicite in den Worten: omni meliori modo, begriffen ist. Solchen Falls aber wird nur ein schlechtes Rescript, sonder Androhung einiger Straff/erkennet/ keines weges aber ein Pœnal-Mandat. welches fast eben so viel als ein Mandat (verstehe cum clausulâ.) Denn derselbe/ welcher die geleistete Parition nicht docirt und erweiset/nicht alsbald in die dem Rescripto einverleibte Straffe declariret wird/ sondern es können ebenfalls/wie in Processu Mandati cum clausulâ, Ursachen fürbracht werden/ warumb dem Rescript keine parition geschehen solle. Andere Rescripta seind/welche beym Cammer-Gerichte in causis simplicis qverelæ ausgewirckt zu werden pflegen: als Rescriptum Citationis, Rescriptum Mandati. Wenn man nehmlich die Ausfertigung dergleichen erkennter und erhaltener Käyserlichen Processe innerhalb Jahrs-Frist sich nicht lässet angelegen seyn/und die Taxam bezahlt/ oder/wenn solche gleich extradirt und insinuirt, bey dem ersten Termin aber nicht reproducirt werden/ (nehmlich/ wenn Kläger nicht erscheinet) und also der angesetzte Termin zu nicht gemachet wird/ oder auf andere Art und weise die Ladung oder Beschlich seine Krafft und Wirckung nicht erreichen kan. Alsdann muß umb anderweitige Citation und Befehl/ oder/wie man in foro Camerali zu reden pfleget/ umb ein Rescriptum prioris angehalten werden. Anders verhält sichs in Appellation-Sachen/ allwo/ wenn die fatalia verabsäumet/ der Sachen anderer Gestalt nicht/ als per restitutionem in integrum, gerathen werden kan/und findet Rescriptum Processuum Appellationis nicht statt; wie wir dieses aus den gelehrten Discursen der Herren Cammer-Advocaten, absonderlich aber Herrn Dr. Johann Ulrichs Stiebers rc. Unsers hochgeehrten Freundes rc. zum öfftern angehöret haben.

§. VII. Wann entweder an den Käyserlichen Reichs-Hof-Rath/oder aber an das Cammer-Gerichte/ appellirt wird/ werden zugleich nebenst der Ladung an die Partheyen zwey Arten der Processe fürnehmlich an den Unter-Richter erkennet/ als Inhibitionales
und

und Compulſoriales. Durch die erſtere wird dem Unter-Richter inhibirt, daß Er in der Sache ferner nicht verfahre/ oder derſelben zum Nachtheil lite pendente ichtwas vernehme. Und dergleichen Inhibition ergehet auch an Appellaten. Durch die letztere aber wird der Unter-Richter angehalten/ daß er die ergangene Acta, ſampt denen rationibus decidendi, einſchicken ſolle / (oder ein anderer ad edenda Inſtrumenta, rationes und dergleichen.) Es muß aber Appellant, oder derjenige/ welcher umb compulſoriales ſupplicirt, durch ein Document beybringen/ daß Er innerhalb 30. Tagen/ von Zeit eingewandter Appellation an/ bey dem Unter-Richter umb Ausantwortung der Acten, der Gebühr nach/ fleißige Anregung gethan/ und ſolch Document, woraus die Reqviſition, beſcheiniget wird/ ſeiner Supplic, worinnen Er umb Appellations-Proceſſe anhält/ mit beyfügen.

§. IIX. Wo der Unter-Richter die Juſtitz protrahirt, oder verweigert/ werden bey dem Cammer-Gericht oder Reichs-Hof-Rath Promotoriales erkennet/ worinnen ihm anbefohlen wird/ daß er Supplicanten binnen gewiſſer Zeit Recht und Gerechtigkeit wiederfahren laſſe. Geſchicht darauf keine parition, wird die Sache für das höchſte Gericht gezogen. Und eben zu ſolchem Ende werden zum öfftern auch Pœnal-Mandata de adminiſtrandâ Juſtitiâ ausgewircket/ und wo auf ſelbige keine parition erfolget/ ſo klagt man auf die dem Mandato einverleibte Straffe.

§. IX. Commiſſiones werden erkennet entweder in communi, oder aber in optimâ formâ. In communi, wordurch nehmlich dem Comuiſſario die Annehmung der Zeugen und derſelben Verhör/ desgleichen inſpectio ocularis committirt wird. In optimâ formâ, wordurch dem verordneten Commiſſario eine völligere Macht wird gegeben/ nehmlichen/ die Zeugen nicht allein auf- und anzunehmen/ und zu verhören/ ſondern auch Inſtrumenta zu transſumiren, desgleichen die Parethyen/ daß ſie dergleichen ausantworten/ und anders mehr thun ſollen/ anzuhalten. Uber diß werden etliche Commiſſiones genennet ordinariæ, welche Juris & Proceſſus ordine obſervatô gebeten und erkennet werden/ etliche aber extraordinariæ, die insgemein ad perpetuam rei memoriam genennet / und auſſerhalb der
Ord-

Ordnung (es mag die Sach im Gericht anhängig seyn oder nicht) gebethen und ertheilet werden/wann nehmlich Kläger in Sorgen stehet/daß durch hohes Alter uñ Leibes-Schwachheit/auch Abwesenheit der Zeugen/ er iim seinen Beweiß kommen möchte. Uber diese ergehen auch am Käyserlichen Reichs-Hof-Rath Commissiones, zu Verhörung der Sachen/wordurch denen Commissariis Macht und Gewalt gegeben wird in der Sachen biß zum Urthel/ entweders inclusivè oder exclusivè (Inhalts ihrer Commission) zu verfahren/ und diese Commissarii übersenden so dann die dißfalls ergangene Acta, nebenst dem Urthel/ oder wenigstens ihrem Gutachten an den Käyser/ welcher nachmahls den Reichs-Hof-Rath darüber erkennen lässet/ der doch gar selten davon abweichet/ R. H. O. tir. z.

§. Und weil auch ferner. ibi: Commissiones zu Verhörung der Sachen allein ausgehen lassen/ so förderlichst zu unserm Käyserlichen Außspruch an Unsern Käyserlichen Hof remittirt und übersendet werden. Und dergleichen Commissiones, wie wir allbereit oben angeführet haben/werden am Käyserlichen Cammer-Gerichte nicht erkennet. Ebenermaßen werden am Käyserlichen Reichs-Hof-Rath Commissiones ad exeqvendum erkennet/ wordurch nehmlich die Vollstreckung der gesprochenen Urtheil denen Creyß-außschreibenden Fürsten wird committirt und anbefohlen.

§. X. Wann die jenige Zeugen/so da abgehört werden sollen/ der Jurisdiction und Botmäßigkeit dieser beyden höchsten Reichs-Gerichte nicht unterworffen/ verstehe/ wenn sie mittelbar seynd/ werden subsidiales, oder Compas-Briefe erkennet/ worinnen nehmlich an die jenige Obrigkeit/ dessen Jurisdiction die Zeugen unterworffen/ geschrieben wird/ daß sie entweder die Zeugen selbsten verhöre/ oder abhören lasse/ oder aber ihnen auferlege/ daß sie für dem Käyserlichen oder des Cammer-Gerichts Commissario erscheinen und daselbst ihre Auslage thun sollen.

§. XI. Wann bey denen beyden höchsten Reichs-Gerichten pro relaxatione juramenti ad effectum agendi supplicirt wird/ werden zuförderst/ ehe und bevor Citation ad videndum relaxari Juramentum

G   erken-

erkennet wird/ an des Supplicanten Obrigkeit Schreiben decretirt,
daß sie binnen eines gewissen Termini von der wahren Beschaffenheit
des facti und allen Umbständen Bericht einschicken solle/ mit der Ver-
warnung/ wo solches nicht geschicht/ daß die gebethene relaxation des
Eydes solle erkennet werden. Und diese werden Processus informa-
torii, oder Schreiben umb Bericht/ genennet/ alldieweiln sie pro
informatione Judicis zu ergehen pflegen. Dergleichen Schreiben
werden auch erkennet/ so offt die Unterthanen wieder ihre Herren oder
Obrigkeit umb Mandata sine clausula supplicirn, und in etlichen andern Fällen mehr.

§. XII. Arrest-Processe werden die genennet/ wordurch die Ver-
arrestirung der Personen oder Sachen der jenigen Obrigkeit in dessen Territorio selbige zu befinden / committirt wird ; Dergleichen
Processe dann zum öfftern am Käyserlichen Reichs-Hof-Rath oder
auch dem Cammer-Gericht auf Anhalten der Gläubiger wieder
ihre ausgetretene Schuldner/ daß sie auf Recht können allenthalben angehalten werden/ (besiehe Gail.lib.2.obf.44.n.3.)
erkennet werden.

§. XIII. Endlich seind auch noch Sequestrations-Processe. da einem
Tertio die Verwahrung einer Person oder Sach/ darumb man strei-
tet/ biß zu Außtrag derselben anbefohlen wird. Also soll einmahl am
Cammer-Gericht/ auf Sequestration eines verlobten Mägdleins /
erkennt werden seyn/ wie Gail.l.b 1. observ. 112. n.16. angemercket/
also ... Jnhalt/ des den 20. Decembr. 1535. in Sachen Georg
Gaushorns/ contra Hansen Meyer/ ausgesprochenen Urthels
anführet/ worinnen erkant worden/ daß gemelten Meyers Tochter/
Sabina genant/ lite pendente einer Erbaren Matron in Verwahrung zu geben.

Das III. Cap.

Wie und auf was Weise/ so wohln am Käy-
serlichen Reichs-Hof-Rath/ als dem Cammer-Ge-
richt/ die gebethene Processe expedirt und außgefertiget werden.

§.I. Wenn

§. I.

WEnn am Käyserlichen Reichs-Hof-Rath Processe (oder andere Diplomata) erkennet worden/ werden selbige von den Secre-
tarien, entweder in Lateinischer oder Teutschen Sprache abgefasset
(denn zweyerley Expeditiones, die Teutsche und Lateinische seynd/
deren iedwede auch ihre gewisse und absonderliche Bediente hat/) und
wann solche concipirt, dem Herrn Referenten ad revidendum über-
geben/ X.H.O. Tit. 6. in pr. ibi: Solche sollen Unsre Secre-,,
tarii, in der jenigen Teutschen oder Lateinischen Expe-,,
dition es gehöret/ mit höchstem Fleiß verständlich auf-,,
setzen/ und alsdenn das Concept dem Referenten, oder,,
dem jenigen Gelehrten/ welchen Unser Præsident hierzu,,
deputiren wird/ vorhero zu verlesen zustellen. Oder aber/,,
wann es hochwichtige Sachen/ in völligem Rath wieder abgelesen/
d. tit. 6. §. Wann es aber. ibi: Wann es aber hochwichtige Sachen/ sollen die rc. in Unserm Reichs-Hof-Rath in
pleno iederzeit abgelesen werden. (dieses aber ist am Cammer-Gericht nicht bräuchlich/ sondern es wird des Proto-Notarii
Legalität und Geschicklichkeit die Abfassung des Processes anver-
trauet) Nachmahls in die Reichs-Hof-Cantzley zum Abschreiben
gegeben/ und dieses entweder in formâ patente, oder aber eines libells,
wenn nun solche mundirt, werden sie dem Cantzley-Registratori zu
collationiren überbracht; Nachmahls wiederumb dem Secretario,
von diesem zu dem Reichs-Vice Cantzler/ und von dannen an Käyserliche Majest. zur Vollziehung. Dann nichts von dem Käyser unterschrieben wird/ wo es nicht vorhero vom Secretario, und nachmahls
dem Reichs-Vice Cantzler unterschrieben sey. Wenn nun die Processe (oder andere Diplomata) von Käyserlicher Majestät vollzogen/
werden solche taxirt und besiegelt/ und zwar/ so es nur schlechte und geringe Schreiben (als Citationes, Befehliche/ Commissiones, Paß-
Briefe/ Privilegia impressoria, und dergleichen) seynd/ mit dem klei-
nern Secret: Wo es aber Majestäts-Fürsten-Grafen-Herren-
Adels-Briefe/ Palatinaten und dergleichen/ wird das gröffere Se-

cret

eret und Jnsiegel/in Gegenwart des obristen Cammer-Herrns (welcher dieses Secrets stätiger Bewahrer ist) mit rothem Wachs aufgedruckt/ und an selbige eine grosse Capsul mit güldenen Faden gehänget; Und endlich/ wenn die Taxa bezahlt/ werden die Processe oder Käyserliche Briefe extradirt.

§. II. Am Cammer-Gericht werden die erkante Processe gleichfalls in der Cantzley ausgefertiget/ von dem Proto Notario, dem gewöhnlichen Stylo nach/ abgefasset/ durch die Jngrossisten oder Schreiber ins Reine gebracht/ und ob wohl selbige von Käyserlicher Majest. nicht werden unterschrieben/ gleichwohl unter dessen Nahmen/ Titul und Jnsiegel abgelassen/ und von dem Cantzley-Verwalter ad Mandatum Electi Imperatoris proprium (wie der Stylus lautet) desgleichen von dem Proto-Notario, oder aber/ so der Cantzley-Verwalter abwesend/ von diesem allein unterschrieben. Wann aber das Römische Reich ohne Haupt/ werden die Processe unter der Herren Reichs-Vicarien Nahmen und Jnsiegel (welches vor Zeiten mit zweyen absonderlichen/ heutiges tags aber mit einem/ so zwey Insignia prætendirt, beschehen) ausgefertiget/ und von itz-ermelten Cantzley-Verwalter mit diesen Worten: ad Mandatum Serenissimorum Imperii Vicariorum, wie ingleichen dem Proto-Notario, subscribirt.

§. III. Mit wenigen ist noch zu melden/ daß in Außfertigung der Processe denenselben die narrata Supplicationum von Wort zu Wort müssen einverleibt werden/ C.G.O. 3. Theil/ tit. 12. § Und sollen in solchen Ladungs-Briefen 2. darmit der jenige/ wieder welchen sie ergehen/ in dem anberaumten Termin gefaßt erscheinen möge. Und ob wohl in dem Reichs-Abschiede von Anno 1654. §. Diesem nechst 34. verordnet/ daß die Supplicen zugleich mit den Processen insinuirt werden sollen/ so wird doch dieses/ als ein Superfluum in praxi nicht in acht genommen / sondern es werden die species und narrata facti aus der Partheyen Supplicationen herausgezogen/ und denen Processen/ wie allbereit erwehnet worden/ von Wort zu Wort inserirt. Und dieses ist auch am Käyserl. Reichs-Hof-Rath bräuchlich K.H.O. tit. 2. §. Dieweil auch. ibi: auch den Mandatis, Rescriptis, und andern Processen / die

nar-

narrata Supplicationis gantz/ und weder weniger noch
mehr einverleibt.

Das IV. Cap.

Wie und auf was Weise die von dem Reichs-Hof-Rath und Cammer-Gerichte ausergangene Käyserliche Processe insinuirt werden.

§. I.

Je Cammer-Processe müssen entweder durch einen geschwornen Cammer-Boten/ oder immatriculirten Notarium, insinuirt werden. Wo es nun nur eine Person/ welcher dergleichen Processe zu insinuiren, so stellet der Cammer-Bote derselben das Original zu/ und behält die Abschrifft darvon bey sich. Im Fall es aber mehrern insinuirt werden muß/ giebt er iedwedem eine gleichlautente Copey/ weiset das Original auf/ lässet es ihnen lesen/ und schreibet den Tag/ wenn die Execution oder Insinuation beschehen/ überall drauf. Von dem Ampt der Cammer-Boten/ bey Insinuirung der Processe/ besiehe Roding. libr. 4. tit. 13. Ein immatriculirter Notarius aber verrichtet die Insinuation in Gegenwart zweyer Zeugen/ und richtet darüber ein ordentlich Instrument auf.

§. II. Im ersten Termin (welcher Terminus Reproductionis genennet wird) muß erweist und dargethan werden/ daß mit Insinuirung der Processe rechtmäßiger Weise verfahren worden/ in selbigem Termin auch von Impetranten entweder das Original der Processe/ oder aber die Abschrifft nebenst des Cammer-Botens überall draufgeschriebener Insinuation oder Execution reproducirt werden. Das Original/ wenn die Insinuation mehrern/ die Copey oder Abschrifft aber/ wenn solche nur einem beschehen. Allein/ wenn die Processe von einem immatriculirten Notario insinuirt worden/ ist nicht genug/ die Abschrifft oder das Original selbsten dißfalls zu reproduciren, sondern es sollen und müssen instrumentirte Processe (wenn man anders also reden mag) das ist: ein von dem Notario rechtmäßiger Weise aufgerichtetes Instrument/ und in welches die verkündigten Processe mit einverleibt worden/ producirt werden/ denn der bloßen Unterschrifft des Notarii, so vielleicht derselben aus Einfalt oder Unwis-

G iij   senheit

senheit/ nach gewöhnlichen Gebrauch der Cammer-Boten/ die Relation auf die insinuirte Proceſſe ſchreiben wurde/ am Keyſerlichen
Cammer-Gerichte kein Glaube zugeſtellet werden möchte.

§. III. Am Keyſerlichen Reichs-Hof-Rath/ weiln daſelbſt
dergleichen geſchworne Boten/ wie bey dem Cammer-Gericht/ nicht
zu befinden/ müſſen alle und iede von dem Reichs-Hof-Rath ergangene Proceſſe (als Citationes, Mandata und dergleichen) durch einen
Notarium und Zeugen inſinuirt werden/ welcher darüber ein Inſtru-
ment aufrichtet/ doch wird eben nicht erfordert/ daß der Notarius im-
matricilirt, oder in die Cammer-Matricul recipirt und einge-
ſchrieben ſey/ dergleichen/ wie wir im Eingange dieſes Capitels ge-
meldet/ bey dem Cammer-Gericht bräuchlich/ ſondern es iſt ge-
nug/ wenn durch einen Notarium ſimplicem (wie er in Gegenhal-
tung eines Immatriculirten genennet wird) nebenſt etlichen Zeugen
die Inſinuation beſchicht.

Der Dritte Diſcurs.

Von dem Proceß der Rechts-Sachen an und
für ſich ſelbſten/ und wie es darmit in gemelten zweyen
höchſten Gerichten des Heil. Röm. Reichs gehalten werde/
wie auch von Eröffnung der Urtheil und deren
Wiederfechtung.

CONTINUATIO.

Ach dem wir das jenige/ was den Proceß
der Sachen den Weg bahnet/ betrachtet/ ſo erfordert
die Ordnung/ daß wir vorizo unſern Diſcurs auf die
Art und Weiſe des Proceſſes ſelbſten/ und wie ſolcher bey Erkäntniß und Erörterung der Sachen
acht genommen werden muß/ richten.   Es iſt aber
der modus procedendi zweyerley: Einer/ ſo bey den Audientzen/
der andere aber/ welcher bey der Sach ſelbſten gebräuchlich.   Proceſſus Audientiæ iſt eine ſolche Ordnung/ nach welcher die Procuratores in den Audientzen zu procediren pflegen.   Proceſſus cauſæ iſt wieder zweyerley/ einer/ welcher in ſimplici qverelâ, der ander aber/ ſo bey
der

der Appellation obſervirt wird. Von iedem ſoll in dieſem Diſcurs auf
das kürtzeſte gehandelt und darbey etwas weniges angeführt werden/
wie die ſtreitige Sach durch den Richter decidirt und erörtert werde/
als welcher ſelbige/ vermittelſt eines Definitiv - Urthels / zum Ende
bringet. Worbey wir auch/ ſo wohln der Urtheile Eröffnung/ als
auch deren Wiederfechtung/ zu erwegen haben werden.

Das I. Cap.

Von den öffentlichen Audientzen/ ſo bey dem
Cammer-Gericht bräuchlich/auch der Art und Weiſe/
wie in ſolchen die Rechts-Sachen geführet werden.

§. I.

Je Audientz iſt eine öffentliche Handlung/in welcher die von
denen Procuratoren ihrer Partheyen wegen ſo münd- als
ſchriftlich fürgebrachte Klagen angehöret werden. Dergleichen Audientzen wurden bey dem Cammer-Gericht vor Zeiten alle Tage an-
geſtellet/ heutiges tags geſchehen ſolche wenigſtens dreymahl in der
Woche/nemlich/des Montags/Mittwochs und Freytags/Nachmit-
tage/ welche dahero dies Juridici oder Gerichts-Tage genennet
werden.

§. II. Die Audientz wird abgetheilt in eine ſo gerichtlich/und wiederumb in eine ſo nicht gerichtlich geſchicht/nach ausweiſung der Rubric
der C.G.O. 3. Theil/ tic. 11. ibi : vor den Deputaten nach der
Gerichtlichen Audientz/ und in gemeltem 11. tic. §. pen. ibi :
Nicht im Gericht / ſondern unter ihnen ſelbſt oder vor
den Deputaten. oder in eine two allerhand Solennitäten vorge-
hen/und wiederumb in eine/ da dergleichen nicht zu geſchehen pflegen.
Die Gerichtliche Audientz iſt dieſe/ welche in Gegenwart des Cam-
mer-Richters/ ſo mit einem in der Hand haltendem Zepter zu Gericht ſitzet/celebriret wird. Die jenige aber/ ſo nicht gerichtlich/ oder
mit Solennitäten geſchicht/iſt die/ welche nach geendigter Gerichtlichen Audientz vor Zeiten in Gegenwart zweyer/ heutiges tags aber
nur eines Beyſitzers geſchicht/ worbey der Cammer - Proto Notarius,
doch ohne dergleichen Zepter/und andere Notarii für dem Tiſch ſtehen.

Ins

Ins gemein wird diese genennet die Audientz für den Deputirten, oder einem Deputirten allein/ nemlich einem Beysitzer/ welcher von dem Cammer-Richter/ oder dessen Vicario, so nach geendigter Gerichtlichen Audientz hinweg gehet/ darzu deputirt wird/ daß er die Procuratores in etlichen gewissen Puncten anhöre. Es wird aber für dergleichen Deputirten angehalten (1) umb Erlängerung der Termine/ (2) umb Commissiones, desgleichen werden Beweiß-Articul eingegeben/ Commissarien benennet/ oder wieder selbige excipirt und replicirt, und fernerweit biß auf Producirung des Zeugens Rotuls inclusivè, daselbst verfahren. (3) Wird der punctus cautionis, welche bey vorgenommener Revision wieder die Cammer-Urtheil zu bestellen/ disceptirt und erörtert. (4) Beschicht die Intimation, wenn einer oder der andere von den Partheyen mit Tode abgangen. (5) Wird fürbracht/ daß gütliche Tractaten obhanden/ oder (6) daß die Sach verglichen/ angezeigt/ und endlich (7) wird umb Dilation, zu Einbringung des Beweises/ angehalten.

§. III. Bey der Gerichtlichen Audientz wird ein gewisser Proceß oder Ordnung observirt, nach welcher die Procuratores in selbiger procediren. Diese Ordnung gehet nun entweder die Procuratores/ oder ihre Klag-Sachen an. Die Ordnung der Procuratoren bestehet darinnen/ daß/ wenn sich selbige nach der Zeit/ wenn sie bey dem Cammer-Gericht recipirt werden/ umb das Gericht ordentlich herumb gesetzet/ so dann hernachmahls einer nach dem andern seine Klage an- und fürbringet. Die Ordnung der Klag-Sachen aber wird die genennet/ in welcher gewisse Sachen müssen proponirt und fürgetragen werden. Und diese hat zu unterschiedlichen Zeiten ihre unterschiedene Species gehabt. Wir gehen diejenigen vorbey/ welche vor alters bräuchlich gewesen/ und von welchen bey Rod. lib. 1. Pandect. Cam. tit. 3. kan nachgeschlagen werden. Nach der neuen Constitution, so durch ein allgemeines Decret den 13. Dec. des 1659. jahrs promulgirt worden/ (und welche auch noch heut zu tag in guter observanz ist) befinden sich vier Arthen der Ordnungen/ als (1) Ordo Sententiarum, (2) Reproductionis, (3) Novarum und (4) Terminorum.

In ordine Sententiarum wird gehandelt über diejenigen Urthel/ welche in selbiger Audientz ergangen/ zum Exempel: Wann einem oder dem andern Procuratori entweder litis contestatio, oder conclusio causæ, oder etwas anders zu verrichten durch das Urtel auferleget worden/so muß er/ nachdem vorher alle Urtel publicirt, in selbiger Audientz/oder in nechstfolgender/ litem contestiren, concludiren, oder das jenige verrichten/ was ihme/vermöge deß Urthels/zu thun oblieget. C.G.O. p. 2 Tit. 6. pr. vid. Schvvan. 1. Proc. Cam. cap. 34. *In ordine reproductionis* werden die aus der Cammer-Cantzley erhaltene und beklagten insinuirte Processe im ersten Termin/ welcher dahero der Reproductions-Termin genennet wird/zugleich mit den Beylagen reproducirt R.A. 1654. §. So dann 36. & seq. Com. Decret. 1655. 30. Octobr. §. 2. *Ordo Novarum* ist Universal, und können in selbiger die Procuratores alle ihrer Principalen Angelegenheiten so wohln Schrifft-als Mündlich proponiren, es wäre dann/ daß sie dießfalls einen Termin hätten/oder für denen Herren Deputirten etwas zu proponiren vorfiele/ vid. Schvvan. 1. Proc. Cam. cap. 35. per tot. & Com. Decret. de anno 1659. 13. Sept. §. 6. *In Ordine Terminorum* wird so offt *agirt*, so offt durch das ergangene Urtheil ein Termin von Ampts wegen angesetzet (oder **zugelassen und angesetzet worden**/) vid. Com. Decret. de anno. 1659. §. 1. lit. B. thue hinzu R.A. 1654. § **Wäre es dann** 32. Von diesen und dergleichen Ordnungen/ wie eine und die andere Sach zu führen und fürzubringen sey/ ist dieses wenigstens noch zu erinnern/ daß das hoch preißliche Cammer-Collegium den Lauff derselben durch ihren heilsamen Rath in so weit beschleuniget/ daß da vor Zeiten viele Jahre vorbey-gestrichen/ ehe diese Ordnungen aller Procuratoren zu End gelauffen/ solches heutiges Tags täglichen geschehe.

§. IV. Am Keyserlichen Reichs-Hof-Rath seynd dergleichen Audientzen niemahls bräuchlich gewesen/ auch nichts/ das diesen etwan ähnlich geschienen. Es beschehen daselbst von den Agenten keine Mündliche Recesse, auch werden nicht eben so viel Schrifftliche/ wenn man die Reproductions-Recesse außnehmen will/ exhibiret, sondern alle Schrifften und Gesätze in Termino durch den Reichs-Hof-Raths Thürhüter dem Herrn Præsidenten/ oder Vice-Præsidenten in dem Rath/ kurtz vor dessen Endigung (R.H.O. tit. 3. in pr. verb. **Eine halbe Stunde vor dessen Endigung**) überliefert/ woselbst auf iede Gesätze der Tag/ wenn sie überreichet/ von dem Secretario geschrieben

H   ben

ben wird/ (am Cammer-Gericht wird dieses von den Lesern in den Audientzen verrichtet) und deren Titul oder Rubric in das Protocoll eingetragen/ R. H. O. d. tit. 3. in pr. verb. **In den Reichs-Hof-Rath durch den Thürhüter einliefern lassen.** Wann Brief und Siegel oder dergleichen Instrument zu recognosciren, wird solches für den Herren Deputirten verrichtet/ Reichs-H. O. dict. tit. 3. § **Wenn auch vor der Relation.** Auch kommen die Procuratores und Agenten nicht in den Reichs-Hof-Rath/ ohne wann sie einen Eyd ablegen/ R. H. O. Tit. 6. §. **Die jenige. verb. Gleichergestalt die Lehens-Eyd und andere aufgelegte Juramenta judicialia zu Ende des Raths öffentlich abgeleget und erstattet werden.** Nehmlich/ es werden alle Juramenta von den Procuratoren in plenô consessu im Reichs-Hof-Rath abgeleget/ welches aber bey dem Cammer-Gericht nicht beschiehet / denn daselbsten schweren die Procuratores in den öffentlichen Audientzen in Gegenwart des Herrn Cammer-Richters / oder dessen Stadthalters und eines Beysitzers. Bißweilen auch im völligen Rathe nehmlich bey Eröffnung der Urthel/ wenn einem und dem andern durch ausgesprochene Sentenz ein Eyd auferleget wird.

Das II. Cap.
Von dem Proceß der schlechten einfachen
Klagen/ wie auch der Appellation.
§. I.

WIr haben in Vorhergehenden den Proceß / so bey den Audientzen gebräuchlich/ oder die Ordnung / nach welcher die Cammer-Procuratores in den Audientzen zu procediren pflegen/ erwogen und betrachtet. Voritzo wollen wir von dem Proceß der Sachen/oder derselben Prosecution, von der Reproduction der Käyserlichen Processe an/ biß auf das End-Urthel/ reden und handeln. Und anfänglich zwar von dem Processe der schlechten einfachen Klage/ oder simplicis qverelæ. welche also genennet wird/ entweder respectu der Appellation, da bey dem Richter nicht nur eine einige
und

und schlechte/ sondern vielfältige Klage angebracht wird / denn darfür zu halten/ daß so viel Klagen verhanden/ als gravamina angeführet werden/ oder aber/ weiln diese simpliciter und schlechter dings/ die
Appellationes aber relatè, oder als solche/ die sich auf die simplices be-
ziehen/ considerirt werden.

§. II. So viel nun causas simplicis qverelæ anlanget/ so reproducirt (1) Klägers Procurator/ nach dem er sich vorher legitimirt, oder
den Gewalt binnen gewisser Zeit (z. oder 4. Wochen) einzubringen
angelobet/ die Ladung mit der darauf geschriebenen Execution oder
des Cammer-Botens relation über beschehener rechtmäßiger insinuirung der Ladung/ nebenst den Beylagen. (2) Erscheinet Beklagtens Procurator/ legitimirt ebenfalls seine Person/ oder aber
cavirt de ratô & Mandatô, besiehet darauf Gegentheils Vollmacht/
und so er einige Exceptiones fori declinatorias einzuwenden/ werden
solche von ihm/ nebenst angehängter eventual-Litis contestation op-
ponirt, worbey er aber auf Klägers Klag-Libell zu antworten nicht
nöthig hat/ R. A. de anno 1654. §. Und hat der Beklagte. 35.
(wofern aber derselbe nur dilatorische Exceptiones einwendet/ ist er/
nach Anleitung gemelten Reichs-A. §. Es soll auch hinführo. 34.
gehalten und verbunden/ denselben zugleich mit der eventual-Litis
contestation auch seine eventual-Antwort auf Klägers Klag-Libell
nothwendig mit anzuhängen) Auf diese Exceptiones nun antwortet
(3) Kläger summarischer Weise/ Beklagter aber übergiebt (4) in
puncto fori seine Duplic und submittirt. Hierauf (5) Kläger seine
Replic contra fori Exceptionem, und submittirt gleichfalls. Wann
nun (6) die eingewanten Exceptiones Declinatoriæ durch ergangenes Urthel verworffen/ producirt Beklagter auf das von Klägern
übergebene summarische Klag-Libell eine kurtze und deutliche Ant-
wort/ nebenst seinen Defensionalen. Hierauf excipirt (7) Kläger
darwieder/ antwortet auch zugleich auf fürgebrachte Defensionales,
Da denn (8) von beyden Theilen Commissarien (wo es für nöthig
befunden worden) begehret werden/ und wird umb Dilation zur Beweisung angehalten. Nachdem nun (9) der angesetzte Beweiß-Ter-
min verflossen/ wird umb Eröffnung der Zeugnüsse angehalten/ da
denn (10) Beklagter wieder den producirten Zeugniß Rotulum und

an-

andern Beweiß excipirt. Eben daffelbe befchicht auch (n) von Klä=
gern/wenn Beklagter eines Gegenbeweifes fich angemaffet und einen
Zeugnüß Rotulum oder andere Documenta producirt hat. Hierauf
wird (12) auf die wieder die Beweiß-Articul eingewandte Exceptiones replicirt, und von beyderfeits Partheyen befchleffen. Dann in
puncto der Beweifung durch den K. A. de anno 1654. §. Eben=
mäßig. §7. zu dupliciren verboten ift.

§. III. Haben wir demnach den allgemeinen Proceß/ fo in caufis
fimplicis qverelæ gebräuchlich/ vor dißmahl entworffen. Es wird
aber auch in den meiften Sachen fimplicis qverelæ ein Special-
Proceß obfervirt, Denn anders wird es gehalten in Mandatis Cum-
anders in Mandatis fine claufulâ, anders in Sachen / den gemeinen
Land-Friedbruch betreffend/ anders in Pfandungs-Sachen/ und in
andern wiederum auf andere Art und weife. Von welchen allen Roding lib. 3. Pandect. Cameral. tit. 58. & feqq. weitläufftig handelt.

§. IV. Nun müffen wir auch mit wenigen annoch den Appella=
tions-Proceß erwegen: Nemlichen/ Es reproducirt Appellantens
Antwald im erften Termin die Appellations-Proceffe (als Citationes, Inhibitiones, und Compulforiales) entweder in Abfchrifft
mit darauf-gezeichneter Relation des Cammer-Botens/ oder aber
in dem Inftrumento infinuationis, Krafft habenden Gewalts/ fo
er aufweifet/ defigleichen/ fo er die Acta erfter Inftanz nicht produciren kan/ das Documentum Reqvifitionis, und hält/ nach Befchaf-
fenheit des Documents, zu Producirung der Acten umb Termin
an. Appellatens Antwald erfcheinet gleichfalls / legitimirt feine
Perfon/wendet feine Exceptiones, da er deren zu haben vermeint-ein/
und impugnirt. wenn er anders folches thun kan/ die Appellations-
formalia, (doch gefchicht diefes beyderfeits mit der eventual Litis-
„ Conteftation,) Zum Exempel: Und weiln Juramentum
„ apud Judicem â qvô nicht abgelegt/ und weiln Sum=
„ ma nicht appellabilis, und dem Privilegio kein Gnü=
„ gen gefchehen/ fo bitt ich abfolutionem â Citatione cum
„ expenfis. So aber Appellant ipfa Acta priora überliefert/ bit=
tet er umb des aufgedruckten Infiegels recognition, publication
und

und communication, auf diese oder dergleichen Art: **Ubergieb** „
Acta priora clausa & sigillata, **bitt aufgedruckten In-** „
siegels recognitionem, communicationem & termi- „
num ad libellandum. Wo/ nebenst der Ladung/ inhibition er- „
gangen/ und wider die inhibition ichtwas attentirt worden/ so muß zugleich auf die Straffe geklaget werden.   So aber keine inhibition
ergangen/ und dieser zu wieder ichtwas vorgenommen worden/ muß
umb revocation angehalten werden.

§. V. So Appellat Exceptiones declinatorias oder dilatorias op-
ponirt, wird darbey eben ein solcher Proceß in acht genommen/ wie in
causis simplicis qverelæ zu geschehen pflegt ; Und wofern befunden
wird/ daß selbige offenbahrlich falsch/ und nur zur Verzügerung der
Sach eingewendet worden/ wird Appellat/ nach des Richters Ermessen und Gutdüncken/ in eine Straff etlicher Marck Goldes oder
Silbers condemnirt. Wofern aber dergleichen Exceptiones declinatoriæ oder dilatoriæ nicht eingewendet / muß alsbald der Krieg
purè befestiget werden. Solchen aber zu befestigen/ negirt Appellat
narrata libelli, prout narrantur, und bittet in Rechten zu erkennen und
auszusprechen : **Daß wohl gesprochen und übel** appellirt sey/
oder aber/ daß das vorige Urthel reformirt, und ausgesprochen werden möchte : **Daß in diesem Punct wohl/ in jenem aber** „
übel gesprochen sey/ deswegen Appellant **die dißfalls** „
verursachte Schäden und Unkosten abzustatten. Wenn „
Appellant nichts neues proponiren, sondern alsbald auf die Acta erster Instantz (welches ihm dann frey gelassen) concludiren will / so
wiederholt er seine Appellations-Klage/ und die acta voriger In-
stantz/ statt der gravaminum, und bittet Inhalts seiner Appellation
zu verabschieden / submittirt darauf/ auf Richterliches Erkäntniß.
Worauf Appellat ebenfalls auf die von Appellanten ad acta priora
beschehene Submission, wo Er sich nicht der gemeinen Appellations-
Freyheit gebrauchen/ und seines Orts etwas Neues fürbringen will/
welches ihme frey stehet/ auf gleiche Art und weise alsbald submittirt,
die acta vorhergegangener Instantz in passibus utilibus wiederholende.
R.A. de anno 1654. §. Auch in Fällen.66. Das andere lehret die
Ubung.   H iij   Das

Das III. Cap.

Von Eröffnung der Cammer-Urthel.

§. I.

Nach gemeinen Keyserlichen Rechten müssen die Partheyen zur Publication der Urthel citirt und geladen werden/ dergestalt/ daß auch Sententia Principis nicht bestehen kan/ wann die Ladung an die Partheyen aussen gelassen worden. Allein am Keyserlichen Cammer-Gericht werden die Partheyen zu Anhörung der Urthel nicht citirt, sondern es ist genug/ wann solche im Anfang der Klage einmahl der Gebühr nach fürgeladen worden/ und man die Procuratores bey den Acten habe. Am Keyserlichen Reichs-Hof-Rath / weiln dergleichen publication der Urthel gantz nicht gebräuchlich/ (besihe den letzten §) so ist offenbar/ daß daselbst die Partheyen ebenfals zu Anhörung der Urthel nicht citirt werden. Ferner wird nach gemeinen Keyserlichen Rechten/ wenn der Procurator litem contestirt hat/ das Urthel nicht wider den Principal, sondern dessen Anwald gesprochen. Allein nach dem gewöhnlichen Gebrauch des Cammer-Gerichts ergehet das End-Urtheil wider den Principal selbsten/ welches sich denn auch am Keyserlichen Reichs-Hof-Rath also verhält. Anitzo wollen wir mit wenigen die jenigen Solennitäten/ so heutiges Tags bey publicirung der Cammer-Urthel gebräuchlich/ entwerffen.

§. II. Ehe und bevor die Urthel am Keyserlichen Cammer-Gericht zu Speyer solenniter publicirt werden/ werden selbige allerseits vorhero in der Rath-Stuben dem Herrn Cammer-Richter/ Præsidenten und Assessoren von dem Proto Notario fürgelesen/ und nochmahls des gantzen Raths Gutachten anheim gestellet. Nach diesen gehet der gantze Rath in stattlicher Ordnung in die Audienz-Stuben/ in welcher/ wann sie hinein kommen/ der Herr Cammer-Richter und dessen Vicarius auf den Gerichts-Stuhl steiget/ der in der Mitten an einem in etwas erhabenen Orthe/ unter einer sammeten Decke/ stehet/ den Gerichts-Scepter/ so ein Zeichen der Botmäßigkeit ist/ und ihme von dem Pedellen dargereichet wird/ in der Hand haltend. Auf beyden Seiten sitzen die Herren Præsides und Assessores, und zwar diese nach Ordnung und Dignität der jenigen Reichs-Stände/ von denen sie præsentirt werden.

Die

Die Proto-Notarii, nebenſt denen Notarien und Leſern aber/ verfügen ſich an einen innerhalb der Gerichts-Bäncke geſetzten Tiſch/ deßgleichen umbgeben die Cammer-Advocaten und Procuratores den Gerichts-Stuhl in ſolcher Ordnung/wie einer nach dem andern bey dem Cammer-Gericht recipirt worden/hinter ihnen ihre Schreiber/ welche den Inhalt der verleſenen Urthel nachſchreiben/ worbey dann auch die Clienten, Practici und andere Perſonen unterſchiedenes Standes mehr/ſitzen oder herumb ſtehen. Bald darauf/ wann vorher von dem Pedellen mit dem Stocke ein Zeichen gegeben und zum Stillſchweigen ermahnet worden/trit der ProtoNotarius in die Mitten/ und nachdem er mit gebogenen Knien dem Herrn Cammer-Richter ſchuldige reverenz und Ehrerbietung erwieſen/werden die Thüren aufgemachet/und ſo dann von ihme mit erhabener deutlichen Stimme alle Urthel nach der Reihe ordentlich abgeleſen.

§. III. Vor Zeiten/ da der Herren Aſſeſſoren Anzahl gröſſer geweſen/ hat ein Rath umb den andern der publication der Urthel beygewohnt/ und abſonderlich diejenigen/ welche bey Abfaſſung der Urthel geweſen/ und welche die Haupt-Sach/ worüber das Urthel zu publiciren, referirt. R. A. de Anno. 1570. §. Und dieweil nicht nöthig. 59. Heutiges Tags aber müſſen ſie allerſeits/ weiln ſie in geringer Anzahl beſtehen/ der publication der Urthel beywohnen/ es wäre dann/daß ſie rechtmäßiger Weiſe daran verhindert und abgehalten würden.

§. IV. Dieſe publicirung der Cammer-Urthel iſt an keine gewiſſe Zeit gebunden. Vor Zeiten zwar wurde ſelbige/weiln/wie berühret worden/der Herren Aſſeſſoren an der Anzahl mehr geweſen/ zum öfftern gehalten/ Heut zu Tag aber werden alle vier oder ſechs Wochen/ nach Ermeſſen und Gutdüncken des Herrn Cammer-Richters Urthel publicirt, in ſolcher Menge/daß deren zum öfftern in die 200. die Meiſten aber nur inter locut- und wenig definitiv-Urthel ſeyn.

§. V. Bey publication einer Achts-Sententz werden abſonderliche Solennitäten in acht genommen. Nehmlich/ es wird zu erſt das Urthel auf itzt gemelte Arth und Weiſe/ wie es bey allen andern geſchicht/ in der Audientz-Stube publicirt. Nachmahls begiebt ſich der Herr Cammer-Richter/begleitet von allen Aſſeſſoren und einer groſſen Menge Volcks/in den Hof oder an einen Orth unter freyen Himmel/ woſelbſt
die

die Achts-Erklärung solenniter vorgehet/ und wird von dem Proto-Notario der Zettel/ worauf die Acht geschrieben in Stücken zerrissen und auf die Erde geworffen. Deßgleichen wird auf der Partheyen Anhalten die Ankündigung der Acht aus der Cammer-Cantzley/ in formâ probante, denen Aechtern durch den Cammer-Boten überschickt/ welches/ ob es vom Cammer-Gericht auch ex Officiô geschehe/ haben wir uns so genau nicht erkundiget. Am Keyserlichen Reichs-Hof-Rath/ wird denen/so in die Acht erkläret werden/ selbige durch den Keyserlichen Reichs-Herolden in locô Domicilii angekündiget; Das ist: Die Achts-Erklärung wird den Aechtern durch den Herold öffentlich vorgelesen/ und/ wo es eine Gemeinde betrifft/ an das Rath-Hauß/ oder (wo man den Herolden in die Stadt nicht wolte einlassen) in vidimirter Abschrifft an die Stadt-Thore affigirt, oder auch/so dieses wolte verwehret werden/für das Thor/ im Angesicht der Wacht nieder geleget. Besiehe die Instruction: Wornach sich Herr Keyserl. Reichs-Herold bey Verkündigung der Reichs-Acht in Erffurth zu richten. Würtzburg 1663. Die Arth und Weise/ wie ein Reichs-Stand in die Acht zu erklären/ ist noch unter der jenigen Anzahl begriffen/ deren Erörterung biß auf itzigen Reichs-Tag außgesetzt werden. Es ist zwar in dem Chur-Fürstlichen Project wegen Einführung einer gewissen und beständigen Keyserlichen Capitulation, so auf itzigem Reichs-Tage im Monat Majo deß 1664. Jahrs per publicam dictaturam communicirt worden/ art. 20. Dergleichen modus entworffen/ allein es wird sowohln über diesen/ als auch andern in solchem Project enthaltenen Puncten in dem Fürsten-Rath biß diese Stunde deliberirt, weß halber Wir auch noch eine allgemeine Decision zu gewarten haben.

§. VI. Im übrigen ist am Keyserlichen Reichs-Hof-Rath/ gantz keine publication der Urthel/ wie am Cammer-Gericht/ bräuchlich/ sondern wann das Urthel in dem Rath abgefasset/ pfleget selbes durch den Secretarium denen Procuratoren oder Agenten dictirt zu werden. Dann der Secretarius alle Tage die Titul und Unterschrifften der jenigen Sachen/ auf welche vom Reichs-Hof-Rath entweder Decreta oder Urthel ergangen/ auf einem Zettel setzet/ und solchen in seiner Behausung an seine Studir-Stuben-Thür affigirt, und es also dardurch den Procuratoren zu wissen thut/ welche hernachmahls die Urthel aus der Reichs-Cantzley in formâ probante ihnen extradiren, und dem Gegentheil durch einen Notarium und Zeugen insinuiren lassen.

Das IV. Cap.

Von den Rechtlichen Hülffs-Mitteln/wieder die von dem Keyserlichen Cammer-Gericht/und Reichs-Hof-Rath ergangene Urthel.

§. I.

Ob wol von denen in beyden höchsten Reichs-Gerichten ergangenen Urtheln zu appelliren, oder zu proviciren Niemand zugelassen; Nichts destoweniger aber haben die streitige Partheyen daselbst sich noch etlicher Rechts-Wohlthaten zu bedienen.

§. II. Die von dem Cammer-Gericht ergangene Urthel werden impugnirt entweder/wenn man umb Restitutionem in integrum anhält/ wodurch der Part eines begangenen Irrthumbs/ oder aber umb Revision, wodurch der Referent eines Versehens/ oder umb Syndicat/ wodurch derselbe eines Betrugs/ und der Procurator einer Falschheit und Untreu beschuldiget wird. Welche Rechtliche Hülffs-Mittel auch darinn unterschieden/ daß Restitutio in integrum für eben dem Richter/ welcher das Urthel gesprochen/dem Cammer-Gericht nehmlich/ die Revision und Syndicat aber für den Käyserlichen / als auch der Reichs-Stände Commissarien angestellet werden.

§. III. Durch Restitutionem in integrum wird das Cammer-Richterliche Amt implorirt, daß es die von ihm gesprochene Sentenz (es mag nun ein End- oder Bey-Urtheil seyn/denn in beyden die gesuchte Restitution statt hat) aus redlichen und solchen Ursachen/ so zuvor nicht vorbracht/ welche nicht Articuls-weise/ wie vor Alters C. G. O. part. z. tit. 52. in fin. so nach heutigen Rechten summarischer weise proponirt werden müssen/R.A. de anno 1654. §. Diesem nechst. 34. vers. Daß nehmlich.) retractiren, und das durch wiedrig-ausgesprochenes Urthel entzogene Recht restituiren möge.

§. IV. Es wird aber umb Restitution in integrum angehalten/
J   (wel-

(welches durch den bestellten Anwald/ Krafft ad acta gegebenen Ge-
neral-Gewalts/ der auch in specie umb Ansuchung derselben instruirt
ist/ geschicht) entweder brevi manu, oder aber nach kurtz vorhergegangener Ladung des Gegentheils. Beyderseits aber geschicht
entweder gerichtlich/ oder auch ausserhalb Gerichts/ nach Gelegenheit der Sache/ und des Supplicanten Gutdüncken. Mehrentheils aber wird der/ welcher extra-judicialiter entweder pro restitu-
tione brevi manu, oder auch umb Citation ad videndum se restitui, supplicando einkommt/ an das Gericht verwiesen) wann nehmlich Zweifel vorfiel/ ob die angezogenen Ursachen gnugsamb erheblich/ daß mit
Anhörung des Gegentheils/ und mit mehrer der Sachen Erkäntnüß
die gesuchte Restitution durch ergangenes Urthel entweder abgeschlagen oder erkant werden möge.

§. V. Bißweiln auch wird Gegentheils Ladung præcisè erfor-
dert/ wann nemlich die Restitution wieder ein Detinura-Urthel oder
ein anders/ so gleiche Krafft und Wirckung hat/ gesucht wird/ alldieweil allhier/ wie Myntinger. 1. observ. 49. meldet/ und haben will/ das
Klag-Libell/ die Litis-Contestation und anders mehr erfordert
wird. Denn sonsten/ wo keine prævia Citatio reqvirirt wird/ der jenige unweißlich handelt/ der solche vor die Hand nimmt/ wenn er brevi
manu die Restitution erhalten kan. Also werden auch öfters Resti-
tutiones brevi manu wieder den lapsum fatalium gesuchet / welche
denn auch leichtlich erkennet werden / wenn die fatalia verabsäumet
worden/ entweder durch Nachläßigkeit des Cammer-Botens / oder
des Notarii, so die Processe gar spat insinuirt, oder auch des Procura-
torn/ der sich mit reproducirung derselben seumig erwiesen/ doch aber/
wo dieser begütert und zu bezahlen hat/ muß er den Schaden/ so den
Partheyen durch seine Nachläßigkeit zu gezogen/ wiederumb gut thun
und ersetzen.

§. VI. Nun wollen wir auch etwas weniges von der Revision reden. Selbige nun ist ein Remedium extraordinarium, wodurch den
jenigen/ welche durch ein von dem Cammer-Gericht ergangenes Urthel
sich beschweret befinden/ vermittelst etlicher Keyserlicher und der Reichs-
Stände darzu deputirten Commissarien, so die Acta revidiren müssen/
auß einer Gültigkeit geholffen wird: Umb diese nun muß heutiges Tags/
nach

nach Anleitung des Reichs-Abschieds, von Anno. 1654. §. in Fällen/
125. Innerhalb 4. Monat/ von Zeit des außgesprochenen Urthels an/
sub pœnâ desertionis bey den Chur-Fürsten zu Mäyntz/ oder aber
wann dieser darbey mit interessiret, bey Chur-Trier auf diese und dergleichen Weise supplicando angehalten werden: daß Supplicant durch ein
in dem Cammer-Gericht an diesem oder jenem Tag ergangenem und auß-
gesprochenem Urthel (dessen Copey zugleich mit bey zufügen) zum höchsten sich beschwert befinde/ und derohalben gezwungen worden/ das in der
Cammer-Gerichts-Ordnung vorgeschriebene Remedium Revisionis
zu ergreiffen/ mit unterthänigster Bitt/ Seine Chur-Fürstliche Gnaden
wolte gnädigst geruhen/solches Keyserlicher Majestät und künfftigen Re-
visoribus, wie nicht weniger dem Cammer-Gericht es so fort zu hinterbringen. Die Formul besihe bey Schwanemann, libr. 1. Proceß.
Cam. cap. 75.

§. VII. Hierauf wird Supplicanten auß der Maynzischem Cantzley ein Document, der beschehenen Intimation halber zugestellt mit diesen
„formalien: Dem Hochwürdigsten Fürsten und Herrn/
„ Herrn Johann Philip/Ertz-Bischoffen zu Mäyntz und
„ Chur-Fürsten/rc. Unserm gnädigsten Herrn / ist der
„ Gebühr gehorsamlich vor= und angebracht worden/
„ welcher Gestalt bey ihrer Chur=Fürstlichen Gnaden
„ N. N. umb Außschreibung einer Revision von ange-
„ deuten Sachen N. N. wider ihn Beklagten Citationis
„ super fractâ pace den · · M. Anno = = · am Keyserl.
„ Cammer=Gericht zu Speyer ergangenem Bescheid in
„ Unterthänigkeit angesucht und gebethen. Darauf
„ wollen höchst=gedachte Ihre Churfl. Gnaden gnädig-
„ lich nicht unterlassen / krafft tragenden Ihres Ertz=
„ Cancellariat=Ampts/ und was in dergleichen Fällen
„ die Keyserl. Cammer=Gerichts=Ordnung vermag und
„ mit sich bringet/dieses an sie geschehene Suchen/ dem
„ Herkommen gemäß/ gehöriger Orthen zu denunciren

und

„ und zu verkündigen. Und solches hat man dem Sup-
„ plicanten zur Nachrichtung hiermit anfügen wollen.
„ Signatum Maynz unter Höchstgedachter Jhrer Chur=
„ Fürstlichen Gnaden zu End aufgedruckten Cantzley=
„ Secret. den ⸳ ⸳ Anno ⸳ ⸳

L. S.

Maynz. Chur=Fürstl.
Cantzley.

Ieser Notification - Zettel nun muß binnen gesetzter Zeit Nr 4.
Monat durch einen fremden Procuratorem, oder wenigstens Notarium dem Cammer-Gericht insinuirt, (dann die geschwerne Cammer
Procuratores dürffen sich nicht unterstehen/ auß Respect und Ehrerbietung so sie diesem Gericht zu leisten schuldig/ der Cammer die gesuchte Revision zu notificiren, oder zu bitten/ daß sie derselben deseriren wolle)
zugleich auch die gravamina exhibirt, wie nicht weniger das Juramentum Revisorium. so wohln von dem Part/ als dem Advocato zugleich/
ebener massen sub præiudicio desertionis, abgeleget werden. Die Noti-
„ ficarions - formul lautet folgender Gestalt: Auf empfangenen
„ Befehl erscheine wegen Jhr. Fürstl. Durchl. N. N
„ hinterlassenen Herren Cantzler und Räthen / krafft
„ Original Gewalts; Und demnach Jhr. Fürstl. Durchl.
„ durch die am 21. Martii jüngsthin albier außgesproche-
„ nen Urtheil zum höchsten beschweret/ dannenhero Re-
„ visionem zu suchen benöthiget: Als repetire zu dem
„ Ende Churfürstl. Maynzisches für etlichen Tagen #
„ diesen hochlöblichen Keyserlichen Cammer-Gericht an-
„ geschicktes Notification Schreiben acceptatæ Revisio-
„ nis, sammt darinn verschlossenen Urtheil sub Lit. A. so
„ dann specialen Gewalt Advocati caulæ ad præstandum
„ Juramentum Revisionis allenthalben untersetzter respe-

„ ctivè Hand und Siegel recognitionem bittend. Dann
„ ferner locô gravaminum repetire narrata Ihr. Fürstl.
„ Durchl. N. N. an Chur-Mayntz sub 16. Jun. jüngst ab-
„ gelassenen Schreibens; falls auch Ihr. Fürstl. Durchl.
„ zu gleichmäßiger præstation Juramenti von Rechtswe-
„ gen gehalten seyn solte/ bin ich auch in Dero Nahmen
„ Gewalt einzubringen/ und das Juramentum abzule-
„ gen/ erbietig.

§. IIX. Wann nun die gesuchte Revision soll angestellet werden/
erleget der Part/ welcher umb selbige angehalten/ eine gewisse Summ
Geldes (so viel den Herren Revisoren der Sachen und der Personen
Gelegenheit nach/ gut und billich dünckt.) Worauf die Herren Vi-
sitatores und Revisores sub fide eines absonderlichen in der Cammer-
Gerichts-Ordnung fürgeschriebenen Eydes/ wie ingleichen die Herren Cammer-Assessores durch welche das Urthel gesprochen/ bey ihren Pflichten und Eyden/ so sie in Annehmung ihrer Aempter ge-
schworen/ alle und iede dißfalls ergangene acta mit höchstem Fleiß
durchlesen/ revidiren und erwegen. Nachmahls demonstriren die
Herren Assessores die Ursachen und Gründe/ warumb von ihnen in
der Sach also ausgesprochen und erkant worden. Die Herren Vi-
sitatores aber/ nach dem sie die Wichtigkeit der Sachen reifflich er-
wogen/ thun allein das vorige Urthel entweder reformiren oder confirmiren. Erfolget eine reformatoria. wird dem obsiegendem Theile
das erlegte Geld wieder zugestellet/ wo aber das Urthel confirmirt
wird/ verleuret es solches/ C. G. O. part 3. tit. 53. §. Darauf sollen. 4. in fin. So viel aber die Vollstreckung des reformirten Urthels anlanget/ so gehöret selbige/ vermöge der Cammer-Gerichts-
Ordnung/ nicht für die Herren Revisores sondern für das Cammer-
Gericht/ C. G. O. 4. §. Darauf sollen. ibi. in fin. und mit der
Execution solcher reformirten Urthel an dem Cammer-
Gericht vollnfahren werden.

§. IX. Allein/ weiln von dieser materiâ Revisionis gantze Bü-
cher/ insonderheit aber der vollkommene und von allen gelehrten Leu-

J iij   ten

ten approbirte Tractat/ welchen der hochgelehrte JCtus und Camer=
Gerichts-Assessor/Benderus, in offentl.Druck herauß geben/vorhan=
den/so stehen wir billich an dißfalls etwas mehrers anherzusetzen. Et=
was weniges ist noch zu melden de effectu Revisionis, darvon vor Zei=
ten unter den Rechtsgelehrten ein grosser Streit gewesen: Ob nem=
lich die angestellte Revision die Execution suspendire? Welche aber
durch den R. A. de 20. 1654. erörtert/ und durch solchen der effectus su=
spensivus in künftig vorfallenden Revisionen gäntzlich abgeschafft
worden/wann nur der obsiegende Theil gnugsame Caution und
Versicherung de restituendo Judicatü præstiret, im fall derselbe etwan
bey verstatteter Revision succumbiren und die Sache verlieren solte.
Worbey aber die geistlichen oder Religions-Sachen ausgenommen
werden. G. R. A. §. Nach Berathschlagung. 124. in fin.
verb. In geistlichen oder Religions-Sachen.

§. X. Und dieses ist also von der Revision/so wohl in der Cammer-
Gerichts-Ordnung/als andern Reichs-Satzungen geordnet. Allein
es ist nun schon eine sehr lange Zeit/nehmlich vom Jahr 1558. an/ biß
auf heutigen Tag/daß die bißhero gesuchte Revisiones, nicht sonder
schmertzlichen Seufzen aller dißfalls bekümmerten und geängsteten
Reichs-Unterthanen/unbeweglich stecken blieben. Ein Syndicat
ist/ da der streitige Part/ der durch ein unrecht Urthel sich beschwert
zu seyn/ vorgiebt/ den Richter selbsten/ Betrugs halber/ anklagt/ daß
er nemlich durch Bitte oder Geschencknehmung/ ingleichen aus
Gunst oder Haß ein Unrecht Urthel gesprochen C.G.O. 3ter Theil
tit. 53. §. Wo aber einige Partheyen/ thue hinzu Paris de Puteo
tract. de Syndicatu. Es muß aber/ wenn man umb dergleichen Syn=
dicat anhält/ eben die Art und Weise/ welche bey der Revision ge=
bräuchlich/ in acht genommen werden/ d. C. G. O. part. 3. tit. 44.
§. Wo aber, in fin.

§. XI. Anitzo wollen wir auch von den Rechts-Mitteln deren
sich ein oder ander unter den streitigen Partheyen wieder die von dem
Reichs-Hof-Rath gesprochene Urthel bedienet/ etwas anführen.
Von denen der Text in der R. H. O. tit. 5. §. Dafern sich nun.
» also lautet: Dafern sich nun ein oder ander Theil durch

die am Käyserlichen Hof gefällte Urthel gravirt zu seyn „
vermeinen/ und dannenhero entweder per viam nulli- „
tatis, Syndicatus, restitutionis in integrum oder sonst ei= „
nig ander im Recht zugelassenes Mittel/dadurch die Ur- „
thel infirmirt werden könten / vor und an Hand neh- „
men wolte/ daß solle ihm/ vermög des Münsterischen „
Friedens= Schlusses / Art. 5. §. Qvoad Processum. 54. „
per viam supplicationis zu thun erlaubt seyn/und auf „
solchen Fall der in itzt=gedachten Frieden=Schluß vor= „
geschriebene modus procedendi observirt werden.   „

§. XII. Ist demnach dem beschwerten Theil/ statt der beym Cam-
mer=Gericht gebräuchlichen Revision/vergönnet und zu gelassen/von
dem am Hof=Gericht gefällten Urthel an die Käyserliche Majestät zu suppliciren, daß die Gerichtliche Acta nochmahls/ mit Zuziehung anderer/der beschwerten Sachen gleichen/und keiner Parthey
zugethanen/in gleicher Anzahl/ beyderley Religions = Räthen / und
welche bey Fällung des ersten Urthels nicht gewesen/oder doch des
Referenten oder Correferenten Stelle nicht vertreten/revidirt werden möchten/und ist Käyserlicher Majestät freygelassen/in grössern
Sachen/und aus welchen eine Empörung in Römischen Reich entste-
hen könte/ über solches alles auch etlicher Churfürsten/ so von beyden
Religionen seind/ Meinung und Gutachten einzuholen. Wie solches
mit ausdrücklichen Worten in vorangezogenen Friedens=
Schluß gesetzet und verordnet worden.

§. XIII. Ob nun wohl dieses Supplications Mittel anderswo auch
eine Revision genennt wird/ als in der neuen Leopoldinischen Capitulation §. 42. Waß da stehet : Was auch einmal in erstgemel- „
ten Unsern R.H.R. in Judicio contradictorio cu debita „
causæ cognitione ordentlicher Weise abgehandelt und „
geschlossen ist/darbey soll es fürders allerdings verblei= „
ben/und nirgends anders/es sey dann durch den ordent- „
lichen Weg der in offt ermelten Frieden=Schluß belieb- „
ter

„ ter Revision (welche iederzeit/ qvoad Proceſſum, nach
„ Beſag erſt gedachten Frieden-Schluſſes durch unpar-
„ theyiſche Reichs-Hof-Räthe/ ſo nicht bey Verfaſſung
„ der vorigen Urtheil / viel weniger Referenten oder
„ Correferenten geweſen / außgefertiget werden ſoll)
„ von neuen in cognition gezogen/ꝛc. Dahero auch der
Autor der ſo genannten Comitiologiæ part. 5. fol. 366. meldet / daß
auch am Keyſerlichen Hofe die Reviſion ſtatt habe. Allermaſſen denn
auch an und vor ſich ſelbſten per viam ſupplicationis nichts anders
intendirt, wird/ als daß eine Reviſio Actorum vorgenommen werden
möge. Nichts deſto weniger aber findet ſich unter ihnen/ ſo wohln
was die Art und Weiſe ſolche anzuſtellen/ als auch zu proſeqviren
anlanget / ein Unterſcheid: Denn weder bey Chur-Mäyntz einige
intimation, noch eine gewiſſe Zeit ſelbige zu denunciren, wie beym
Cammer-Gericht bräuchlich / deßgleichen auch keine Reviſores der
Reichs-Stände erfordert werden / welches aus vor-angeführten
Orten des Weſtphäliſchen Frieden-Schluſſes/ und der Reichs-
Hof-Raths-Ordnung/ gnugſam erhellet.
§. XIV. Und weiln/ nach Anleitung itzt-berührten Frieden-
Schluſſes und der Reichs-Hof-R.-Ordnung/ auf dieſes eintzige Sup-
plications-Mittel wieder die vom Keyſerlichen Reichs-Hof-Rath
ergangene Urthel gewieſen wird ; So halten die Rechts-Lehrer da-
für/ daß die hiebevor von etlichen à Cæſare male informato ad melius
informandum, oder à Cæſare ad Imperium vorgenommene Appellationes durch dieſes nicht ſo gar unvermercklich ihren Abſchied bekommen.
§. XV. Ob aber dergleichen Supplication effectum ſuspenſi-
vum habe? möchte iemand fragen. Dann ob wohl in den Revi-
ſionen durch den Reichs-Abſchied von Anno 1654. §. Nach
Berathſchlagung. 124. derſelbe aufgehoben werden/ wann nehm-
lich/ wie wir ſeben angeführet haben/ gnugſame Caution beſtellet
werden: So könte doch gleichwol ratio dubirandi, ſo wohl aus dem
Unterſcheide dieſer Supplication und der am Cammer-Gericht gebräuchlichen Reviſion/ von welcher wir im vorhergehenden § ge-
meldet/

meldet / als auch den ausdrücklichen Worten des Westphälischen Frieden-Schlusses/ art. 5. §. 54. ibi: **Darmit nicht den Partheyen daselbsten das** Remedium suspensivum **benommen werde/** genommen und gezogen werden. Allein wir halten darfür/ daß diese Worte von einem solchem Fall zu verstehen/wenn derjenige/ so um Execution anhält/ nicht genugsame Caution bestellet/ wie solches so wohln in dem R. A. von Anno 1654. als auch vor diesen in der Auth. qvæ supplicatio, C. de precib. Imper. offer. erfordert wird/denn/wenn dergleichen Caution nicht beschicht/hat der effectus suspensivus allerdings statt/ nach Anleitung gemelter Auth. qvæ supplicatio, wo ausdrücklich gemeldet wird: Sententia non aliter executioni mandabitur, nisi victrix pars dignam fidejussionem præbuerit tantum restituendi cum legitimis augmentis, qvantum fuerit in condemnatine, si legitima retractione sententia resolvatur. Kan demnach die Supplication so fern recht und wol ein remedium suspensivum genennet werden/ wann aber gnugsame Caution bestellet worden/ hat der effectus suspensivu· keine statt/so wol in Revisionen als Supplicationen/ denn wir halten dafür/ daß gleich wie in allen andern/ also auch in diesem (was den effect und Wirckung anlanget) die Revision mit der Supplication übereinkomme/und das/was in einem Rechts-Mittel verordnet/ auch in dem andern gültig sey.

Das V. Cap.

Von Vollstreckung der am Keyserl. Reichs-Hof-Rath und dem Cammer-Gericht ergangenen Urthel.

§. I.

Je am Keyserl. Reichs-Hof-R. und dem Cammer-Gericht ergangene Urthel werden Inhalts der Executions-Ordnung vollstreckt. Seind demnach andere Personen in Römischen Reich/ welche die streitige Sachen der Reichs-Unterthanen in Verhör ziehn und darüber Urthel fällen/ andere aber/welche sothane Urthel wircklich vollstrecken; Das Keyserliche Cammer-Gericht lässet Mandata de exeqvendo ausgehen/ der Reichs-Hof-Rath aber meistentheils Commissiones ad exeqvendum. Beyderseits erkandte Processe aber werden an die Creyß-ausschreibende Fürsten gerichtet/ und haben einerley Krafft und Wirckung/bloß/daß sie dem Nahmen nach unterschieden seynd.

K   §. II. Es

§. II. Es ergehen aber allezeit für dergleichen würckliche Vollstreckung Executoriales, welches solche Schreiben sind / worinnen die
Cammer/oder der Keyserl. Reichs-Hof-R. im Namen Keyf. Majest.
dem verlustigen Theil in einem darzu angesetzten Termin/ohne clausulâ justificatoriâ, anbefiehlt/dem ergangenen Urthel parition zu lei-
sten/mit angehängter Ladung zu erscheinen/und die beschehene parition anzuzeigen/ oder aber zusehen und gewärtig zu seyn/wie er in die
den Executorialen einverleibte Straff erkläret werde.

§. III. Dergleichen Executoriales aber werden heutiges tags
nicht absonderlich/wie vor diesem beschehen/aus der Cantzley erhalten/
sondern allezeit an das Urthel (so offt als die Execution zu thun von
nöthen/uñ der obsiegende Theil nicht in possessione ist) mit angehan-
gen/ Inhalts des K. A. de 20. 1654. §. Damit auch. 159. Desgleichen wird ein Termin umb die erfolgte parition zu dociren und zu er-
weisen/ nach ferne und weite des Orts/ ordinariè und gemeiniglich von
3. Monat/ in dem Urthel angesetzet/ mit einer angehängten willkühr-
lichen Straff/ mehrentheils von zehen Marck Goldes.

§. IV. Wann nun auf das ergangene Urthel/und den darinn mit-
angehängten Executorialen, keine parition erfolget/wird mit declara-
tion der Strafe innengehalten/und ergehen vorher noch etliche paritoriæ, (die bey dem Cammer-Gericht in keiner gewissen Anzahl beste-
hen/ und nur nach des Camer-Richters Gutdüncken angeordnet wer-
den/am Keyserl. Hof-Gericht aber/derer gemeiniglich drey/selten aber
vier seynd) So aber derjenige/wider welchen sie ergehen/in seiner
Halsstarrigkeit und ungehorsam/einen Weg wie den andern/behar-
ret/ werden arctiores Executoriales sub comminatione dupli & realis
Executionis erkennet/oder aber ergehet alsbald wider den jenigen/ so
auf etliche ergangene Paritorien keine parition geleistet/ein Mandat de
exeqvendo, oder Commission ad exeqvendum, an den Creyß-aus-
schreibenden Fürsten/ oder auch an den jenigen Richter/ unter welchen Beklagter gesessen oder begütert/ umb so wohln in der angedreu-
ten Straff/als in der Haupt-Sach/die Execution zu vollstrecken.

§. V. In Appellation-Sachen werden an das End-Urthel ebenfalls pœnal-Executoriales annectirt, in welchê dem verlustigen Theil
binnen gewisser Zeit parition zu leisten/bey Straff 10. Marck Löthiges

ges Goldes/ auferleget wird. Wann aber darauf keine parition er-
folget/wird/nachdem vorhero etliche Paritoriæ ergangen/ ein Mandatum executoriale ad Judicem à qvô erkennet / worinnen diesem die
wirckliche Vollstreckung/bißen gewisser Frist/ergehen zu lassen/ ebenfalls bey Straff 10.Marck Löthiges Goldes wird auferleget. Wo
aber der Unter-Richter auf diesen Befehl nicht parirt, pfleget umb de-
claration pœnæ simplicis, wie ingleichen umb ein Mandatum arctius
(sub pœnâ dupli) angehalten zu werden/welches letztere zwar leichtli-
chen/ declaratio pœnæ aber gar selten erhalten wird/ wie solches die
tägliche Observantz bezeuget. Wo aber die Sach vor desert erkant
worden/gehört die Execution ipsô jure für den Unter-Richter/ So
aber dieser in Vollstreckung derselben sich seumig erweiset / alsdann
können wider ihn/ entweder am Keyserl. Reichs-Hof-Rath/ oder am
Cammer-Gericht / ex aliô capite, nehmlichen verweigerter Justitz
halber/Processe ausgewircket werden.

§. VI. Aus diesen erhellet nunmehro der unterscheid unter so mancherley Arten der Processe/welche in diesen beyden höchsten Gerichten
des Röm. Reichs/ in puncto Executionis, erhalten werden. Nemlich/
die Executoriales werden gerichtet an den Part/ so die Sach verleh-
ren/und seind selbige/so wohln in causis simplicis Qverelæ, als Appel-
lations-Sachen gebräuchlich. Mandata Executorialia ergehen an den
jenigen Richter/von welchem appellirt worden/ Mandata de exeqvendo, oder Commissiones ad exeqvendum aber/an die Creyß-ausschreibende Fürsten.

Der Vierte und Letzte Discurs.
Von den jenigen Persohnen/ welche in den
offt angezogenen beyden höchsten Reichs-Gerichten
die Justiz administriren.
CONTINUATIO.

Unmehro müssen wir ansehen und betrachten die jenigen
Personen/ welche in diesen beyden höchsten Reichs-Ge-
richten/ dem Keyserlichen Reichs-Hof-Rath und dem
Cammer-Gericht/ gleichsam als hohe Priester der
Gerechtigkeit dieser Göttin täglich ihr Opffer brin-
gen/und im Römischen Reich Teutscher Nation dersel-

ken Ampt administriren. Worbey auch etwas von den Advocaten und Procuratoren und deroselben Officio soll gemeldet werden. So viel aber die andern Personen/ welche bey diesen Gerichten auch ihre Bestallung und die vorfallende Geschäffte abzuwarten haben/ anlanget/ halten wir der Sachen wenig fürträglich zu seyn/ von selbigen allhier groß Wesens zu machen.

Das I. Cap.

Von dem Keyserl. Cammer-Richter und dessen Vicarien. Wie auch dem Keyserl. Reichs-Hof-Raths Præsidenten und Vice-Præsidenten.

§. I.

Der Keyserliche Cammer-Richter repræsentirt den Keyser selbst/ als dessen Stelle er vertrit/ R. A. de anno 1654. Darmit aber auch 165. Dahero werden auch statt Keyserlicher Majestät an ihn alle Bitt-Schrifften/ Memorialia und schrifftliche Gesetze eingerichtet/ wie wir allbereit oben (im 2. Discurs cap. 1 §. 6.) angemercket haben. Dieser wird von Keyserlicher Majestät eingesetzt/ und auß der Zahl der teuschen Fürsten/ so wohln Geist-als Weltlichen oder wenigstens der Grafen oder Frey-Herren Stands-Personen erkieset/ sein Ampt ist fürtrefflich und mancherley/ und bestehet in sehr vielen Handlungen/ die so wohln Gerichtlich/ als auch ausserhalb Gerichts geschehen/ wie auch andern Verrichtungen und Obliegenheiten mehr. Besiehe hiervon weitläufftig die Cammer-Gerichts-Ordnung 1. Theils/ Tit. 10. & 11. kurtz darvon zu reden: Er ist des gantzen Cammer-Gerichts Haupt und ein Acht-haber und Beschützer desselben Ordnung.

§. II. Wann der Cammer-Richter abwesend/ wie zum offtern geschicht/ wann er nehmlich in seiner Provintz durch Kranckheit oder andere Verrichtungen verhindert und abgehalten wird/ so verwalten die Herren Præsidenten sein Ampt/ welche gleichsfals von dem Keyser oder Römischen Könige auß der zahl der teutschen Grafen und Herren Stands-Persohnen denominirt und erweblet werden. Selbiger seynd vor Zeiten nur zweene gewesen/ allein durch den im Jahr 1570. gemachten Reichs-Abschied ist der dritte/ und durch den Westphälischen Friedens-Schluß Anno 1648. der Vierte darzu kommen/ also/ daß aus beyderley sowohln Evangelischer als Römisch-Catholischer Religion zweene müssen erkieset werden.

werden. Heutiges Tags aber seind deren nur 2. vorhanden/ deren einer der Augspurgischen Confession, der ander aber der Catholischen Religion zugethan. Diese Præsidenten nun/ weiln sie deß Cammer-Richters Vicarii, haben die meisten Geschäffte/ wie dieser selbsten/ zu verwalten/ es pfleget ihnen auch ebenmäßige Ehrerbiethung und Observanz, gleich dem Cammer-Richter/ erwiesen zu werden. Wann aber weder der Keyserliche Cammer-Richter/ noch einer von den Præsidenten zur Stelle/ so stehet das Richterliche Amt dem Chur-Mayntzischen Assessori oder dem jenigen zu/ welcher der nechste nach diesen ist.

§. III. Der Præsident des Keyserlichen Reichs-Hof-Raths (dessen Ober-Haupt und Richter Keyserl. Majestät selbsten R. H. O. Tit. 1. pr. ibi. Unser Keyserlicher Reichs-Hof-Rath/ dessen obristes Haupt und Richter allein Wir und ein ieder Römischer Keyser selbst ist) wird ebenfals auß der Zahl der Reichs-Fürsten/ Grafen/ oder Herren-Standes-Personen erwehlet und verordnet R. H. O.
„ Tit. 1. pr. Mit einem verständigen/ und wie zu Führung eines
„ solchen Ampts von nöthen/ wohl qvalificirten Præsidenten. der
„ ein Reichs-Fürst/ Graff/ oder Herren-Standes sey. Dieser hat in dem Reichs-Hof-Raths-Collegio das völlige Directorium, iederzeit die Ober-Stelle/ hält die Umfrag/ und beschleust so daß. R. H. O.
„ Tit. 1. §. In solchen Fall. ibi. Unser Reichs-Hof-Raths Præ-
„ sident als das nachgesetzte Haupt iederzeit den vorsitz/ die Um-
„ frag/ den Beschluß und die gantze direction haben. In dessen Abwesenheit der Vice Præsident sein Ampt verwaltet/ oder aber/ wo auch dieser nicht zugegen/ ein anderer Reichs-Hoff-Rath/ so der Nechste nach Ihm/ nicht zwar auf der Gelehrten- sondern der Cavalier-Banck. Von welcher zweyfachen Ordnung der Herren Reichs-Hof-Räthe Wir in folgenden Capitul handeln werden.

Das II. Cap.
Von den Cammer-Gerichts-Beysitzern/ wie auch Keyserlichen Reichs-Hof-Räthen.

§. I.

WEnn man statt Keyserl. Majestät/ als des Oberhaupts/ über die vorfallende Streit-Sachen der Reichs-Stände erkennet und urtheilt/ und nach der Norm und Richtschnur der Rechte im H. Röm.

Reich

Reich die Justitz administrirt. Solches ist ein fürtreffliches herrliche s und recht Göttliches Ampt. Dieses nun stehet den Herren Assessoren des Cammer-Gerichts zu/als welche nebenst dem Cammer-Richter Käyserl. Majestät und sämptlicher Reichs-Stände Stelle vertreten/und des H. Röm. Reichs perpetui Senatores seind. Beysitzer werden sie genennet/weiln sie bey dem Herrn Cammer-Richter sitzen/und nach ihm die nechste Stelle haben/auch allen ihren Fleiß und Arbeit/so wohln in Verhör- als Erörterung der Sachen/helffen beytragen. Ja sie seind gleichsamb als Richter/C.G.O. part. 3. tit. 53. §. Ob sich aber. 6. woselbst sie Urtheiler genennet werden/denn sie nicht allein über eine Sache erkennen/sondern auch solche erörtern und darüber das Urtheil fällen. Sie bestehen aber theils auß Augspurgischer Confession/theils der Römisch-Catholischen/ja auch einer auß der so genanten Reformirten Religion/R.A. de 20. 1654. §. Doch soll darbey. 23. Nachdem aber heutiges tags die Catholische in grösserer Anzahl/als die Evangelische/bestehen/so werden in streitigen Rechts-Sachē ungleicher Religious-Stände/etliche auß beyderley Religion/in gleicher Anzahl/zu deren Erörterung deputirt. Ferner seynd deren theils Grafen/Frey-Herren oder Rittermäßige Personen/theils aber Rechts-Gelehrte.

§. 11. Nun müssen wir betrachten/so wohln wie sie praesentirt oder denominirt, als auch erwehlet werden. In dem Oßnabrückischen Frieden-Schluß/de 20. 1648. ist zwar verordnet/daß 50. Cammer-Beysitzer/in gleicher Anzahl/beyderley Religion/praesentirt und verordnet werden solten/es ist aber diese Anzahl noch zur Zeit nicht erfüllet/ja nicht einmahl auf die Helffte. Der Keyser verordnet dem Cammer-Richter vier Praesides. (unter denen zweene Augspurgischer Confession) und zweene Beysitzer. Die übrigen Assessores aber werden von den Reichs-Ständen praesentirt, und zwar von den Catholischen 24. und aus iedwedem Creyß/gemischter oder beyderley Religion/hat man Macht zu erwehlen und einzusetzen/nicht allein zweene/so der Römisch-Catholischen/sondern auch zweene/die der Augspurgischen Confession zugethan seynd/besage ermelten Frieden-Schlusses/art. 5. §. 2. Welchen Ständen aber in den Reichs-Creysen das Jus praesentandi zustehe/zeiget das dißfalls verfaste Schema an/welches aber noch zur Zeit keine rechte Vollkommenheit hat/d.R.A. §. Notandum. 30. und

und seynd derer noch viele/ absonderlich im Ober-Rheinischen Creyß/ so das Jus præsentandi biß auf diese Stunde prætendiren.

§. III. Stehet demnach die præsentation zur Adsessorat-Stelle dem Keyser und den Reichs-Ständen zu/die Election oder Wahl aber dem Herren Cammer-Richter und dessen zugeordneten Assessoren, welche den tüchtigsten aus denen die præsentirt werden/erkiesen und heraus nehmen. Vor Zeiten musten derer zweene oder drey zugleich præsentirt und vorgestellet werden/allein/ nach der jüngeren Constitution gemelten R. A. de Anno.1654. § Gleichwohl aber und weil 27. Wenn ein præsentatus qvalificirt genug befunden wird/ ist das Cammer Collegium schuldig und verbunden solchen auf- und an zunehmen/ und ad relationem pro Adsessoratu zu admittiren. Es werden nehmlich dem Præsentato umb eine Probe seines Fleisses und Geschicklichkeit zu erweisen/ Acta zu referiren übergeben/ über deren Inhalt und Haupt-Sach nach- mahls von denen Herren Deputirten, für welchen der Herr Præsentatus die Acta referirt, Er freundlich vernommen wird. Nachdeme man nun durch beschehene Relation dessen erudition und Geschickligkeit erforschet/ werden von allen und ieden Herren Assessoren durch den Keyserlichen Herrn Cammer-Richter oder dessen Vicarium die Vota colligirt, und wo selbige auf ihn schliessen/wird Er so fort gar solenniter zum Beysitzer und Collegen in plenô consessu auf- und angenommen/ welches Ampt er nachmahls unter sechs Jahren nicht wiederum resigniren kan.

§. IV. Die Keyserliche Herren Reichs-Hof-Räthe (von wel- chen wir sonder præjudiz der Ordnung anitzo etwas anführen wollen) seynd gleichsfals theils der Augspurgischen Confession, theis der Rö- mischen Catholischen Religion zugethan. Die Evangelische zwar seynd den Catholischen an der Zahl ungleich (eben wie am Keyserlichen Cammer-Gericht) doch haben sie gleiche vota, verstehe/ wann nehmlich die Evangelische (ob ihrer gleich nur zweene/drey oder vier seynd) an einem Theil gleichstimmig/und die Catholische am andern Theil/ und ob sie wohl an Anzahl der Personen ungleich/so werden doch ihre vota per fictionem qvandam gleich wichtig und gültig gehalten und die Erörterung in su- spenso gelassen/ wodurch sie ein allgemein Votum oder Consilium ma- chen/welches zu Keyserlicher Majestät decision angestellet wird. Wo aber einer von den Catholischen mit seinem Voto denen Evangelischen beyfällt alsdenn haben die Evangelische die majora, welches sich im Gegentheil

gentheil auch bey den Catholischen so verhält. Dem sey aber/ wie ihm
wolle/ es wäre mit dem Autore der Grundveſt des Römischen
Reichs 3te Theil / Cap. 5. gäntlich zu wündschen/ daß dermahleins
eine würckliche Gleichheit erfolgen und die erdichtete aufhören möge.

§. V. Doch wird in Sachen/so zwischen den Catholischen und Aug-
ſpurgiſchen Confeſſions Verwandten schweben/ oder auch/ wann Catholiſche wider Catholiſche streiten/und der tertius interveniens ein Aug-
ſpurgiſcher Confeſions Verwandter iſt/ oder vice versâ R. H. O.
Tit. 1. (§. Wir wollen auch.) die wirckliche Gleichheit obſervirt,
und werden die Herren Reichs-Hof-Räthe aus beyderley Religion/ in
gleicher Anzahl/ darzu deputirt (abſonderlich/ ſo dieſes von denen Partheyen geſuchet wird) umb dergleichen Sachen zu erörtern und zu ent-
ſcheiden R. H. O. d. l. ibi. Mit Zuziehung beyderſeits Aſſeſſoren,
gleicher Anzahl erörtert und entſchieden werden. Geſtalt dann ſolches auch bey dem Cammer-Gericht bräuchlich/wie wir oben §. 1. ange-
merckt haben/ Add. Die R. H. O. an gemelten Orthe/ wann da
ſtehet : Nicht allein bey dem Cammer-Gericht/ ſondern auch
bey Unſerm Keyſerlichen Reichs-Hof-Rath.

§. VI. Ferner beſtehen die Keyſerl. Reichs-Hof-Räthe theils aus
Rittermäßigen/ theils auch andern hochgelehrten und graduirten
Perſonen. Jene nehmen in dem Reichs-Hof-Rath auf der Rechten
Hand der Taffel (so die Cavallier-Banck/ oder der Rittler Banck
genennet wird) ihren Sitz ein/ dieſe aber den andern Theil der Taffel
(ſonſt der Gelehrten Banck genant) R. H. O. tit. 1. §. Die Seſſion
der Reichs-Hof-Räthe belangend. Beyderſeits ſitzen in der Reihe
und Ordnung/wie ſie in den Rath kommen. Die erſten ſeynd entweder Fürſten/ Grafen oder Herren/Standes-Perſonen/ allerſeits von
fürtreflicher Erudition und Experientz. R. H. O. tit. 1. pr. Mit gnugſamer Anzahl Reichs-Hof-Räthen/ gleichfalls von Fürſten/
Grafen oder Herren/ Rittermäßigen/ ꝛc. ſo in den Rechten und
Rechts-Sachen wohlgeübt/ und die Gerichtliche Proceſſen zu
referiren, tauglich und geſchickt. Und in der Leopoldiniſchen Capitul. §. 40. ſtehet : Mit Fürſten/ Grafen/ Herren/ von Adel/ und
andern Ehrlichen Leuten. Die letztern aber/ Doctores Juris und
andere hochgelehrte Männer/ R. H. O. d. l. graduirten oder ſonſt ge-
lehrten/ wohlerfahrnen/ anſehnlichen/ frommen und geſchickten
Perſo-

Perſonen. Unter denen bey gehaltener Umfrag der Herr Reichs-Hof-Raths-Præſident dieſe Ordnung in acht nehmen muß/daß er in Gerichts- oder Juſtitien-Sachen bey den Gelehrten den Anfang mache: In Staats-Landes- und andern Sachen aber bey den Rittermäßigen Perſonen anfange. R.H.O. tit. V. §. Demnach daß/ ibi: Demnach dann von Alten hero ein Unterſcheid gehalten/ „ und dieſelbe auf zwo Bäncke abgetheilet worden/ſo ſolte gleich- „ wohl unſer Præſident dieſes Auffehen haben/daß/in Sachen/ „ die Juſtitiam betreffend/ mit Frag der erſten Stimmen an den „ Gelehrten/aber in Staats-Landes-oder dergleichen Sachen/„ an den andern angefangen werde. So viel aber die Relation oder „ den Vortrag anlanget/iſt dißfalls unter ihnen kein Unterſcheid/ und kan der Herr Præſident iedwedem die Acta zu referiren übergeben/ R.H.O. tit. I. §. Alle dieſe. verb. Darinnen ohne Unterſcheid des Standes gebührlich referiren.

§. VII. Es iſt zwar in der Reichs-Hof-Raths-Ordnung Keyſerl. Maj. Ferdinandi III. Tit. I.' §. Und dieweil. ein gewiſſer numerus der Herren Reichs-Hof-Räthe determinirt, wenn da ſtehet: Daß hinführo itzt-erwehntes Unſers Reichs-Hof-Raths-Mittel über achtzehen Perſonen/mit eingeſchloſſen des Reichs-Hof-Raths Præſidenten/ ſich nicht erſtrecken ſoll. Doch aber iſt Keyſ. Maj. an ſolchen numerum ſo genau und eben nicht verbunden/daß ſie einem und dem andern/wegen ſonderbarer Meriten, ob gleich keine Stelle Vacant iſt/die Reichs-Hof-Raths-Charge nicht ſolte conferiren können. Alſo wurden im Jahr 1663, den 4. May/ſt. n. über berührte 18te Zahl/ von Keyſerl. Maj. vier neue Reichs-Hof-Räthe/ darunter drey Ritttrmäßige/und einer ein Gelehrter/ erwehlet/ und ſo fort durch den obriſten Hof-Marſchall gar ſolenniter in den Rath introducirt.

§. IIX. Der Nation nach/wird/ vermöge der Reichs-Satzungen/ erfordert/daß die Keyſ.Hn. Reichs-Hof-Räthe Teutſche ſeyn müſſen/ R.H.O. tit. I. pr. verb. So im Reich Teutſcher Nation gebohren. Leopold. Capitul. §. Wir wollen auch. 41. verb. gröſſers Theils/ ſo im Reich Teutſcher Nation gebohren. Doch aber werden ſelbige/ gleich denen Aſſeſſoren des Cainer-Gerichts/nicht von den Ständen aus den Reichs-Creyſen præſentirt, ſondern nach des Keyſers

ℓ
Wil-

Willkühr/ so wohln auß seinen Erb-Königreich und Landen/ als den
Reichs-Creysen (die Evangelische nehmlich auß denen Reichs-
Creysen/ darinnen entweder die Augspurg. Confeßions-Ver-
wandte allein/ oder zugleich die Catholische im Schwang gehet.
K.H.O. Tit.1. §. Wir wollen auch.) erwehlet und genommen. Be-
„siehe die Leopold.Capitulation. § Wir wollen auch künftig.40.
„verb. Und nicht allein auß unsern Unterfassen/ Unterthanen
„und Vasallen/ sondern mehrentheils aus denen/so im Reich/
„Teutscher Nation/ anderer Orten gebohren und erzogen rc.
„besetzen und versehen.

Das III. Cap.
Von den Re-und Correferenten, wie auch
der Art und Weise/ wie die Relation geschicht.

§. I.

Je Keyserl. Herren Reichs-Hof-Räthe nehmen die Acta nicht
für sich selbst und eignes Gefallens und Gutdünckens ad referendum zu sich/ sondern der Herr Præsident theilet selbige unter sie allerseits klüglich und ordentlich auß/ (K.H.O. tit. 4. § Und soll Unser
Præsident in Außtheilung/ Vornehm- und Erledigung der
Sachen diese Ordnung halten/ daß nehmlich rc.) fast eben auf solche Art und Weise/wie am Cammer-Gericht bräuchlich/ K.H.O.
„d. tit. 4. pr. ibi: Die Austheilung und Vornehmung der Ge-
„schäfften und Sachen/wie auch die Benennung und Anord-
„nung der Referenten solle/wie an Unsern Keyserl. Cammer-
„Gericht gebräuchlich/ beschehen/ und ohne solche Assignation
„und außdrücklicher Anordnung solle keiner Unsrer Reichs-
„Hof-Räthe ihme einige Supplication/ geschweigens eine gan-
„tze Sache/ vor sich selbst zu sich nehmen.

§. II. Einem iedweden Referenten wird ein Correferent adjun-
girt, und zwar in Sachen/so zwischen den Catholischen und Augspurg.
Confeßions-Verwandten schweben/ werden die Re- und Correferenten aus beyderley Religion erwehlet/K.H.O. d. tit. 4. § Nicht allein.
„ibi : und zwar/ da die Sache beederseits Religions-Verwand-
„ten betreffen thäte/solche Re-und Correferenten auch von bey-
„derley Religions-Verwandten Räthen ansetzen.

§. III. Wie

§. III. Wie und auf was Arth aber die Acta referirt werden sollen/ darvon beschicht in der R. H. O. Tit. 5. in pr. gar schöne Meldung/ deßgleichen weiset Besold einen gar kurtzen Methodum, so bey den Relationen zu observiren, und eben dergleichen Styrmannus in seinem Referendariô. Wir/damit es nicht das Ansehen habe/als ob wir hierinnen gantz nichts verrichtet/wollen dißfals nur etwas weniges melden. Der jenige nun/ welcher die relation einer im Gericht anhängig gemachten Sach schrifftlich verfassen und auffsetzen will/lieset zu erst die völligen Acta, so ihme ad referendum übergeben worden/ vonAnfang biß zum Ende mit höchstem Fleiß durch/bey welcher Durchlesung er fürnehmlich zwey principal Stück in acht nimmt/ eines was den Proceß/ das andere aber/was die merita causæ anlanget. Den Proceß betreffend/ hat er zu erwegen/ ob derselbe/ der in Rechten vorgeschriebenen Ordnung nach/ eingerichtet sey/ oder bey solchen eine unheilbare nullität begangen worden? Selbige nun begiebt sich entweder am Richter/ oder aber den streitigen Partheyen/oder den Substantial - Stücken des Procesfes. An der Person deß Richters begiebt sich selbige wann er/was die anhängig gemachte Sache anlanget/ in seiner Jurisdiction nicht fundirt, und von Rechts wegen in selbiger Sach nicht Richter seyn kan/ an den streitigen Partheyen/wo es solche Personen/ die für dem Gerichte nicht stehen/das ist: in selbigen weder agiren noch sich defendiren können/ deßgleichen/so derselben Procurator nicht legitimus, sondern sich fälschlich darfür außgiebt/oder auch nicht gnugsamen Gewalt oder Vollmacht fürzulegen habe. Die Substantial Stücken des Processes anlangende/muß der Referent acht haben. 1. Ob Beklagter der Gebühr nach citirt worden? 2. Ob das Klag-Libell förmlich eingerichtet/ in dem Gericht producirt und darüber lis contestirt? 3. Ob in der Sach rechtmässiger Weise beschlossen worden? Deßgleichen hat er anzumercken/ ob eine Recognition der eingegebenen Procuratorien und anderer Documenten vorgangen? Dann/ wo diese nicht geschehen/ muß sie zuförderst dem Part durch ein Urthel auferleget werden/ ehe und bevor zu einer andertweitigen Sententz geschritten wird. Nachdeme nun dieses alles circa modum procedendi, der Gebühr nach/ erwogen und in acht genommen/schreitet der Referent gleiches Weges ad merita causæ, da er (1) den gantzen casum oder speciem facti aus den völligen Acten/fürnehmlich aber aus den in dem Klag-Libell enthaltenen narratis und petito

L ij   erfor-

erforschet/und darauf denselben seinen Hn. Collegen völlig und verständ-
lich/doch in aller kürtz vorträget/und daß (2) wann solches geschehen/ referirt er/was für eine Action sey angestellet worden? denn nach solcher muß das Urthel formirt und eingerichtet werden/ und wofern in dem
Klag-Libell keine gewisse Action nicht exprimirt, oder aus selbigen nicht
füglich könte genommen und angemercket werden/ gleichwol aber aus den
narratis des Klag-Libells/ oder auch anderswo/ abzunehmen stünde/ daß
Kläger durch unterschiedliche Actiones hätte agiren ust seine Klage anstel-
let können; So erkieset der Referent die jenige/welche den angezogenen narratis gleichförmiger/ und Klägern nütz- und fürträglicher ist.' (3) Erweget
er/ ob bey angestellter Klage nicht allein alle reqvisita obhanden/
sondern auch/ob selbige gnugsam probirt und bewiesen worden?
dañ/ wann nur ein einzig Reqvisitum ermangelt/oder solches nicht gnugsam probirt/wird Beklagter von angestellter Klag entbunde und loß gezeh-
let/welches dahin zu verstehen/wo Kläger solches gantz nicht beweisen kön-
ne/ dann/ wo er solches vielleicht nicht gethan/ muß der Richter Klägern
vorhero die Beweisung auferlegen. (4) Considerirt er/ ob die auf solche masse bewiesene Klage durch Beklagtens eingewandte Exceptiones elidirt worden? Das ist/ ob Beklagtens Exceptiones erheblich
(welches so viel/ ob nehmlich selbige die Krafft und Wirckung die angestellte Klage zu removiren in sich haben) und ob sie gnugsam probiret?
Und solchen falß hält der Referent der Partheyen Einbringen/ daß ist/
die beydes von Klägern als Beklagten angeführte Ursachen/ probationes
und Rechts-Gründe fleißig gegen ein ander/ welcher nehmlich unter diesen die besten rationes und probationes für sich habe? Endlich thut er
hinzu, was in der Sachen zu erkennen/ und auf was Arth und Weise das Urthel abgefaßt und eingerichtet werden solle/ da er dann zugleich
(5) sein Guthdüncken eröffnet: Ob die aufgewandte Unkosten aus recht-
mäßigen Ursachen zu compensiren, oder aber ein oder der ander Theil in
solche zu condemniren sey?

§. IV. Wenn aber eine Sache durch eingewandte Appellation
anhängig gemacht worden/pfleget meistentheils folgende Art und weise observirt zu werden/ nehmlich: Es erweget der Referent für allen
Dingen/ Ob die Procuratores gnugsame Vollmachten fürzulegen
haben? 2. Ob der jenige/an welchen die Appellation geschehen/ in seiner Jurisdiction und Betmäßigkeit fundirt sey? 3. Ob die formalia
                                                            Appel-

Appellationis, so wohln bey deroselben interposition als introduction, in acht genommen worden? Welches er dann theils aus dem Instrumento Appellationis, theils aus den Protocollen, hernimlt. Nachdem nun die formalia von ihm referirt, trägt er gleichfalls statum causæ aus den Acten erster Instantz für. 4. Merckt er an/ ob Appellant nach Art und Eigenschafft des beneficii appellationis die Sache etwas weitläufftiger deducirt und was neues angeführt/ und ob diese neue an- und fürgebrachte Ursachen dergestalt erheblich/ daß dadurch das erste Urthel reformirt werden müsse? Welches er dann aus den angeführten gravaminibus und derselben deduction gar leichtlich ermessen kan. Endlich/ nachdem er beyderseits Partheyen angeführte Jura gegen einander conferirt, zeiget er seine Meinung an/was in der Sache zu erkennen und auszusprechen.

Das IV. Cap.
Wie die Acta in dem Gericht referirt
und fürgetragen werden.
§. I.

BIsher haben wir gehandelt von der Art und Weise/wie die Relation verfasset und eingerichtet werden soll; Nunmehr wollen wir ansehen und betrachten/ wie solche an und vor sich selbst im Gericht zu geschehen pfleget: Am Keyserl. Cammer-Gericht pfleget der Herr Cammer-Richter (wann er zur Stelle ist) desgleichen die Herren Præsidenten und Assessores alle Tage / wo nicht ein Feyertag einfällt) Morgens früh in gewöhnlicher Rath-Stuben zusammen zu kommen/ allwo dieses herrliche Collegium, umb die Sachen umb so viel eher zu beschleunigen/ sich in vier Räthe abtheilt; Zweene bleiben in diesem Gemach/ die andern zweene aber verfügen sich in ein anders / die Visitations-Stube genant; In dem einen Raths-Collegio werden die auf der Partheyen eingegebene Bittschrifften ergangene Decreta concipirt, und die Processe entweder erkennet/oder abgeschlagen. In den andern dreyen aber die Relationes der Sachen angehört und examinirt, und die Urthel drauf verfasset. Doch/was wichtige Sachen sind/ werden die relationes und decisiones in pleno das ist/ im völligen Rathe/vorgenommen/ allermassen dann auch vor Eröffnung der Urthel vorhero alle und iede Urthel allerseits Räthen in pleno fürgelesen werden.   §. II.

§. II. Am Keyserl. Reichs-Hof-Rath verhält sich dieses alles
viel anders: Es kommen/nebmlich der Herr Präsident und sämptliche
Herren Reichs-Hof-Räthe (vier Tage in der Wochen/ als des
Montags/Dienstags/Donnerstags und Freytags/Morgens
früh) auf der Keyserl. Burgk in der gewönlichen Reichs-Hof-Raths-
Stuben zusammen/ woselbsten sie sich allerseits an eine Taffel nieder-
lassen/ keines weges aber (es betreffe denn nur schlechte und geringe Sachen) in absonderliche Collegia oder Räthe abgetheilet werden/
„ R.H.O. tit 1. §. Es sollen auch. ibi. und soll auch Unser Präsi-
„ dent/ es wäre dann in gar geringen Sachen/sie/Unsre Räthe/
„ in keine absonderliche Collegia abtheilen. Dahero ist auch daselbst
kein Supplication-Rath/ wie am Cammer-Gericht/ sondern alle Supplicationes, oder Memorialia. werden in plenó consessu abgelesen/
„ und die Decreta verfasset/ R.H.O. tit. 3. §. Wann nun. ibi: Die-
„ selbe Memorialia. In welchen umb neue Proceß angesuchet
„ wird/ im ersten Rath-Sitz ablegen lassen. Auch werden die
Relationes Actorum von allen angehört/nachmahls von dem Herrn
Präsidenten die vota colligirt, nach den meisten Stimmen die Urthel
concipirt, dem Secretario in die Feder dictirt. und in dem Rath öffentlich wieder abgelesen. R.H.O. tit. 3. §. Den Schluß aber.

§. III. Es werden aber die Re und Correlationes der acten , so
wohln am Cammer-Gericht/als dem Keyserl. Reichs-Hof-Rath/ent-
weder schrifft- oder mündlich proponirt. In Definitiv-Sachen aber
mehrentheils schrifftlich. Und solches ist ausdrücklich verordnet
in der R.H.O. tit. 4. § So bald nun. in fin. ibi: sodann jede De-
finitiv-Sache schrifftlich re- und correferirt werden. Darmit aber
die Zeit in acht genomen / und es mit referirung der acten nicht so langsam hergehen möge/ werden die Relationes nicht dictirt, sondern nur
abgelesen/ R.A. de anno 1654. §. Den modum referendi. 143.

§. IV. Wo aber ein oder der ander/ der Herren Assessoren/ das je-
nige/ was referirt oder abgelesen worden/ vielleicht nicht recht einge-
nommen/oder ihme sonsten wieder aus dem Gedächtnüß gefallen/ ist
es ihm unverwehrt/ daß er solches in dem Rath perlustriren, und die
acta, so er mit dem Referenten in eödem Senatu begriffen ist/ mit sich
nach Hause nehmen/ und sich zur Nothdurfft darinnen ersehen möge.
R.A. de anno 1654. §. Und nach dem. 144. in fin. Eben dasselbe ist
auch

auch am Keyserlichen Reichs-Hof-Rath vergönnet und zugelassen/
R.H.O. tit. 5. §. Wo dann einer. ibi : Wo dann einer oder mehr „
von unserm Keyserlichen Reichs-Hof-Rath/ nach geschehener „
Verlesung der Relation/üm besseres Nachdenckens willen/die- „
selbe Schrifften ihnen nach Hauß auf eine kurtze Zeit zu ver- „
gönnen/sich besser darinn zu ersehen/begehren würde/das solle „
ihnen unser Præsident/nach Ermessung und Gelegenheit der „
Sachen/doch in alle Wege/daß hierinnen kein unnöthiger Auf- „
zug gesucht ꝛc. nicht abschlagen/und davon solchem Rath als- „
dann etwas mehrers / wenigers oder gar was anders/dann „
referirt, und doch in den actis begriffen/auch zur Substanz gehö- „
rig/und bey der Decision in acht zu nehmen/noth wäre/befun- „
den würde/ solches solle ein ieder bey seinen Pflichten nicht ver- „
schweigen/und nicht allein in seinem Voto anziehen/ sondern „
auch aus den Actis zeigen/und alsdenn auch der gantze Reichs- „
Hof-Rath dasselbe in acht zu nehmen verpflichtet seyn.   „

§. V. Die Re- und Correlationes werden von ihren Verfasseren
eigenhändig unterschrieben/ und nach deme darüber die Vota colligirt,
und das Urthel verfasset/am Keyserlichen Cammer-Gericht dem Herrn
Cammer-Richter oder dessen Stadthalter verpetschirt übergeben/ die so
dann von ihme in eine Kiste in Verwarung geleget werden. R.A. de
Anno. 1654. §. Vorgebend dieses. 150. Am Keyserlichen Reichs-Hof-
Rath aber werden selbige verpetschirt zu den Acten geleget/ oder sonsten
verwahrt und in acht genommen. R.H.O. Tit 4. §. So bald nun. ib.
Es sollen auch die gantze Re- und Correlationes wohl verpet- „
schirt iederzeit bey den Actis oder sonsten wohlverwahrt auf- „
gehalten werden.   „

Das V. Cap.
Von den Cammer-Gerichts-Advocaten/ und
Procuratoren/ wie auch den Agenten und Procura-
toren des Keyserl. Reichs-Hof-Raths.

§. I.

Diejenigen/welche in des Heiligen Römischen Reichs höchsten Gerichten die Streitigkeiten der teutschen Fürsten und anderer Reichs-
Stände/wie nicht weniger die zweifelhafftigen Reichs-Fälle entscheiden
und

und schlichten/ und umb eines rühmlichen Nachklangs willen/ die Hof-
nung und zeitliche Wohlfahrt der Bekümmerten und dero Nachkommen
vertheidigen und beschützen/ halten wir dafür/ daß solche nicht weniger einem Regiment nütz- und fürträglich seyn/ als wann sie durch Kämpfen
und Streiten das allgemeine Vaterland und die Eltern erretteten und er-
hielten arg. L. 14. C. de Advoc. divers. Judic. Mit welchem Lob-
Spruch und Aussage die löblichsten Keyser Leo und Anthemius daselbst
sämptliche Advocaten und Procuratoren, der gantzen Welt recom-
mendiren. Daß aber dieses für allen andern denen so wohln am Keyserlichen Reichs-Hof-Rathe/ als dem Cammer-Gerichte zu Speyer sich be-
findenden Herren Advocaten, Procuratoren und Agenten zukomme
und gebühre/ wird verhoffentlich Niemand in Abrede seyn.

§. II. Es ist aber das Wort advocare, oder/ wie es in gemeinen Keyserlichen Rechten heißt/ postulare, eben so viel/ als etwas in den Gerichten
entweder vor sich/ oder eines andern wegen/ mit Recht fordern oder begeh-
ren/ oder aber es heißt dem jenigen/ der dem Gericht vorgesetzet ist/ sein Verlangen so für sich/ als eines andern wegen/ vertragen/ oder aber des Gegentheils begehren widersprechen/ nach Anleitung L. 1. ff. de postul.
Dann derjenige/ der etwas contradicirt, begehret etwas/ alldieweiln er
in effectu bittet/ daß er von dem jenigen/ was der Gegen-Part bey ihm su-
chet/ möchte absolvirt und loßgesprochen werden. Das Wort procurare
aber wird eigentlich dahin gezogen/ wenn man fremder Leute Sachen ver-
waltet/ und werden die jenigen Procuratores (verstehe Judiciales) ge-
nennet/ die eines andern wegen eine für Gericht anhängig gemachte
Streit- oder Rechts-Sache führen und verwalten.

§. III. In den beyden höchsten Reichs-Gerichten tragen die Procuratores der streitigen Partheyen Begehren und Verlangen so wohl
Mündlich (welches in denen Camerâl-Audienzen durch Mündliche
Recesse geschicht) als auch schrifftlich für/ welches sie dann ebenfals entweder selbst versiegeln/ oder aber von andern versiegelt überkommen und
produciren. Denen Meisten aber werden alle Schrifften und Gesetze
von den Fürstlichen Höfen und Cantzleyen aus übersendet/ der auch von
andern so wohln In- als Außländischen Advocaten allbereit elaborirt
übergeben/ welche sie so fort durchlesen/ verbessern/ und nach dem gewöhnl.
Gerichtl. Stylo einrichten und unterschreiben müssen. Memorial Jud. &
Adress. de anno 1557. §. Die Advocaten. L. K.H.O. tit. 6. § Ein
                                                                    entweder

ietweder Parthey/ ibi: So sollen die Agenten und Procuratores bey Vermeydung unausbleibender Straff/ dergleichen
Producta zuvor alles Fleisses revidiren, die befindende errores
corrigiren, und alsdann erst solche Schrifften gehöriger Orten
überreichen. Thue hinzu den 7. Tit. §. Es soll auch hinführo/
verb. Sie sey dann von deren Procuratoren und Agenten ei-
gner Hand unterschrieben.

§. IV. Darmit aber dieses umb so viel besser zu verstehen/ ist zu mercken/
daß in diesen beyden höchsten Tribunalien andere bloß Advocaten/ andere aber
Advocaten und Procuratores zugleich sind. Denn es sind nicht alle Advocaten
zugleich Procuratores/ alle Procuratores und Agenten aber sind auch Advocaten.
Am Keyserl. Cammer-Gericht wird keiner zu einem Procuratorn auf- und ange-
nommen/ wo er nicht eine zeit lang am Cammer-Gericht ein Advocat gewesen/ allein zur Advocatur kan ein ieder leicht gelangen/ welcher sich seiner Studien und
Eruditio getrauet/ ob er wohl niemahls ein Procurator gewesen. Ehe und bevor aber ein oder der ander als Advocatus ordinarius recipirt wird/ ist derselbe
schuldig ein Specimen practicum, nebenst einer Supplic zugleich/ worinnen er
umb die Advocatur-Stelle anhält/ dem Cammer-Collegio schrifftlich zu exhibi-
ren, welches einem der Herren Assessoren ad referendum, und sein Judicium
darüber von sich zu stellen/ übergeben wird. Nachmahls werden in plenô consessu die Vota deshalber colligirt, und der neue Advocat entweder abgewiesen
oder aber auf- und angenommen. Wird er zugelassen/ beschicht von zweyen darzu
deputirten Herren Assessoren seiner Geburt/ Religion und studirens halber ein
Examen, endlich leget er in öffentlicher Audientz oder auch in der Leserey/ nach der
in der Cammer-Gerichts-Ordnung vorgeschriebenen Form/ sein Eyd und Pflicht
ab. Wann er nun ein oder zwey Jahr die Advocatur-Stelle rühmlich verwaltet/
stehet ihm frey/ wenn er anders will/ umb die Procuratur-Stelle anzuhalten/ und
wofern er solche durch ein Decret erlanget/ leget er gegen den Keyserlichen Cam-
mer-Richter/ oder dessen Statthalter/ in der Audientz den Eyd der Procuratoren
öffentlich ab/ und verfüget sich alsbald auf die Banck der Procuratoren/ daselbst
er den letzten Sitz einnimmt.

§. V. Die Keyserlichen Reichs-Hof-Raths-Agenten oder Procuratores
müssen gleichsfalls umb die Procuratur- oder Agenten-Stelle zu erlangen an Keyserliche Majestät suppliciren, und pflegt im Reichs-Hof-Rath über Supplica-
tens Verlangen und Begehren deliberirt zu werden. Wann er nun admittirt,
wird derselbe seiner Geburt/ Heymat und Studirens halber examinirt, (R.H.O.
Tit. 7. pr. ibi: Von zweyen Reichs-Hof-Räthen/ (so unser Præsident
hierzu deputiren solle) ordentlich über ihre Geburt/ Heymath/ Ehrlichen Verhaltens/ und wo sie studirt und practicirt.) Nachmahls leget er

in

in völligem Rath das in der Reichs-Hof-Raths-Ordnung ihme vorgeschriebene Jurament ab/ und wird gar solenniter zu einem Reichs-Agenten auf- und angenommen/ ꝛc. H. O. Tit. 7. Von Aufnehmung der Advocaten/ Procuratoren und Agenten/ pr. und §. Nach solchen. Desgleichen tit. 3. in pr. ibi: Es sollen die geschworne aufgenommene Agenten und Procuratores. Denn am Keyserl. Reichs-Hof-ꝛ. sind andere/so Advocati ordinarii und Jurati, von welchen das vorhergehende zu verstehen/genennet werden/ andere aber extraordinarii, die nehmlich bloß und allein im Nahmen und von wegen der Chur- und anderer Fürsten des Reichs daselbst sich aufhalten/und allein derselbe Rechts-Sachen führen. Dann einem ieden Chur- und Fürsten/ auch anderm Stande des Römischen Reichs/ vergönnet und zugelassen/ daß derselbe am Keyserlichen Hofe seinen absonderlichen Agenten und Procuratorn haben möge. ꝛc. H. O. tit. 7. §. Da auch ein Chur-Fürst/ Fürst/ oder Stand des Reichs ꝛc. Und diese Agenten, Advocaten und Procuratores, welche wir extraordinarios nennen wollen/ halten weder bey Keyserlicher Majestät umb die Procuratur-Stelle an/ weder auch/ daß sie examinirt werden/ noch das in der Reichs-Hof-Raths-Ordnung den Advocatis ordinariis fürgeschriebene Jurament ablegen dürfften. Wofern sie aber/ mit Genehmhaltung ihres Herrn oder Principaln/ auch anderer Privat-Personen/ wer die auch seyn mögen/ Rechts-Sachen führen wolten/ müssen sie dißfalls bey Keyserlicher Majestät supplicando anhalten/ und den gewöhnlichen Eyd ablegen.

§. VI. So viel die Anzahl der Procuratoren und Reichs-Hof-Raths-Agenten anlanget ist in der Reichs-Hof-Raths-Ordnung Tit. 7. in pr. gesetzt und verordnet / daß deren über 30. nicht angenommen werden sollen. ibi: Derer Anzahl sich doch über vier und zwantzig/ biß dreyßig/ nicht zu erstrecken hat. Doch ist kein Zweifel/ daß nach Keyserl. Majest. allergnädigsten Ermäsen und Gutdüncken gemelte Anzahl erhöhet werden könne. Am Keyserlichen Cammer-Gericht ist der numerus Advocatorum willkührlich/ so viel aber die Procuratores (die doch zugleich auch Advocati mit seyn/ wie oben gemeldet worden) anlanget/ scheinet es zwar/ daß nach Anleitung der Cammer-Gerichts-Ordnung 1. Theil. Tit. 18. deren Anzahl biß auf vier und zwantzig / und dem im Jahr 1670, gemachtem Reichs-Abschiede /nach/ §. Wiewohl auch leichtsam. 62. auf dreyßig limitirt worden/ doch halten wir darfür/ daß dieser numerus ebenfalls in des Cammer-Richters Willkühr beruhe. Von den Cantzley-Verwandten und andern/ welche so wohln am Cammer-Gericht/ als Keyserlichen Reichs-Hof-Rath/ ihre Bestallung und die vorfallende Gerichts-Sachen zu expediren haben/ halten wir unnöthig zu seyn allhier etwas zu handeln und anzuführen.

Das

Das VI. Cap.
Von den Gerichtlichen Gewalten oder Vollmachten.

§. I.

Ein ieder Procurator oder Sachwalter/ welcher eine Rechts-Sache annehmen und führen will/ muß seine Person durch gnugsamen Gewalt oder Vollmacht legitimiren. Und dieses wird genennet ein Gerichtlicher Gewalt/ aldieweiln derselbe volle Macht und Gewalt giebet die streitigen Rechts-Sachen für Gericht zu treiben. Und ist entweder ein allgemeiner oder absonderlicher Gewalt. Der allgemeine ist der jenige/ welcher auf alle so wohln Gegenwärtige als zukünfftige Sachen gerichtet ist/der absonderliche aber/ so nur auf eine gewisse Sache sich erstrecket. Allein/was Special-Procuratoria seynd/ ob wohln selbige in den Unter- oder Nieder-Gerichten fast allenthalben gebräuchlich/seynd sie doch am Keyserlichen Reichs-Hof-Rath und Cammer-Gericht heutiges Tags außgemustert worden (worbey aber etliche Fälle außgenommen werden/in welchen über einen general-Gewalt/ auch ein absonderlicher exigirt zu werden pfleget besiehe den R. A. de anno. 1654. §. Und demnach 101.) Und muß ein Procurator mit einen general-Gewalt zu allen Sachen sich zu legitimiren gefaßt erscheinen/ besage itztgemelten Reichs-Abschieds. Welches dann auch zur Gnüge erhellet so wohl aus dem formular des Cammer-Gerichtlichen Gewals (welches beym Roding. libr. 1. Pandect. Cameral. tit. 29. §. 6. zu befinden) wenn da stehet: zu Vollführung unser an dem hochlöbl. Keyserlichen Cammer-,, Gericht zu Speyer hievorigen/ itzigen und zukünfftigen Rechts-Sa-,, chen/gegen wem wir die haben und überkommen mögen; als der formul ,, des jenigen Gewalts/ so bey dem Reichs-Hof-Rath gebräuchlich welche in der R. H. O. Ferdinandi III. in fin. Wenn da stehet: in allen und ieden meinen am Keyserlichen Reichs-Hof-Rath active und passive hangenden Rechts-Sachen zu besehen ist.

§. II. Derohalben/ wenn ein Procurator seines Principaln wegen für Gericht erscheinet/ und dergleichen General-Gewalt/zum seine Person zu legitimiren/im ersten Termin producirt hat/und in einer andern Sach/gemelten seines Principaln halber/agiren will/ übergibt er bloß Abschrift des Original-Gewalts/aus dessen Titul (damit der Judex, wen es nöthig das Original für die Hand nehmen/und sich darinnen ersehen könne) derselbe schreibet und aufzeichnet/in welcher Sach und in welchem Jahr und Tag das Original producirt worden/ mit diesen formalien: Hujus Originale ist einkommen/ oder/ productum est, in Sachen 2c. • · Anno - die - und diese Subscription wird eine Signatur und die Abschrift eine signirte Copey gemeinen habenden Gewalts genennet. Besiehe die C. G. O. part. 3. tit. 12. §. Und so ein Procurator, 10. Am Keys. Reichs-Hof-R. wirds
,, genen-

„ genennet eine collationirte Copey/ R. H. O. tit. 3. § Gestalt auch, ibi: Es
„ wäre denn Sach/ daß der Original-Gewalt schon zuvor ad omnes
„ causas wäre produc.rt worden/ auf welchen Fall es gnug ist/ daß ein
„ solcher Gewalt von dem Registratore collationirter wiederumb pro-
„ ducirt werde.

§. III. Am Keyserl. Camer-Ge.icht müssen die Gerichtliche Gewalten nicht
allein auf den Elteren/ sondern auch auf dessen Erben/ desgleichen nicht nur auf
den Procuratorem selbst/sondern auch/ im Fall dieser mit Tode abgehen solte/auf
dessen Substitutam gerichtet werde/ wie gleichfalls aus den formalien des Cam-
„ mer-Gerichtlichen Gewalts erhellet/ wenn da stehet: Zu Unserm und nach
„ unsern Tod/ unsrer Erben unzweifentlichen Rednern und Anwalt
„ den Edlen rc. N. N. und falls derselbe etwan frühzeitig mit Tode
„ abgienge/gleichfalls den Edlen rc. N. N. als dessen substituirten An-
„ wald/ constituire, bestellet und benennet haben. Welche formalia aber
in dem am Keyserl. Reichs-Hof Rath gebräuchlichen Mandato Procuratorio
nicht zu befinden seynd/ und derohalben erscheinet/ daß am Keyserl. Hofe/ so offt
sich ein Fall begiebt/daß entweder der Part selbsten/oder dessen Procurator mit Tode abgehet/ man allerdings einer Citation ad reassumendum von nöthen habe.
Am Cammer-Gericht aber/weiln alle Gewalte oder Vollmachten/ auf ihr erzehlte
in dem R. A. von Anno 1654. fürgeschriebene Art und Weise concipirt und eingerichtet werden/ so finden die Citationes ad reassumendum in allen den jetzigen
Rechts-Sachen/ so allererst nach ihr-ernieltem Reichs-Abschied introducirt und
anhängig gemacht worden/ keine statt/ sondern/ so entweder der Part selbsten/ oder
dessen Procurator mit Tode abgehet/ muß Gegentheil wider des verstorbenen Procuratorn Erben oder Substituten den Proceß continuiren, der Procurator
aber/wann sein Eltere mit Tode abgangen/ innerhalb 3. Monat dessen nachgelas-
senen Erben Nahmen bey der Cantzley an- und einbringen/ besage ihr-berührten
R. A. de anno 1654. §. Darmit auch, 99. Doch/ was alte Sachen seynd/ (die
nehmlich für angezogenem R. A. introducirt, in welchen dergleichen Mandata
und Vollmachten nicht exhibirt) und durch den Todes-Fall der Partheyen oder
Procuratoren desert worden/ hat der jenige/ der eine Sache reassumiren will/
annoch einiger Citation ad reassumendum von nöthen/ und welche entweder
extra Judicialiter durch eine Supplic oder aber Judicialiter in den öffentlichen
Audientzen durch mündliche Recess angehalten/und von dem Keyserl. Cammer-
Richter oder dessen Vicario, alsbald durch Zuruf: Erkennet/ decretirt wird.
Dergleichen Decreta extemporanea wir zu Speyer bey gehaltenen öffent-
lichen Audientzen zum öfftern angehöret haben.

E N D E.

www.ingramcontent.com/pod-product-compliance
Lightning Source LLC
Chambersburg PA
CBHW022048210326
41519CB00055B/1194